本书由广东省自然科学基金项目"广东省新型城镇化协调与耦合的时空特征及影响因素研究"（2017A030314444）、岭南师范学院出版基金共同资助出版

雷州半岛发展研究

——基于省域副中心视角

许抄军　著

中国社会科学出版社

图书在版编目(CIP)数据

雷州半岛发展研究：基于省域副中心视角／许抄军著.—北京：中国社会科学出版社，2019.6

ISBN 978-7-5203-4440-1

Ⅰ.①雷⋯　Ⅱ.①许⋯　Ⅲ.①雷州半岛-城市发展-研究　Ⅳ.①F299.276.5

中国版本图书馆 CIP 数据核字（2019）第 091194 号

出 版 人	赵剑英	
责任编辑	李庆红	
责任校对	杨　林	
责任印制	王　超	

出　　版	中国社会科学出版社	
社　　址	北京鼓楼西大街甲 158 号	
邮　　编	100720	
网　　址	http：//www.csspw.cn	
发 行 部	010-84083685	
门 市 部	010-84029450	
经　　销	新华书店及其他书店	

印　　刷	北京君升印刷有限公司	
装　　订	廊坊市广阳区广增装订厂	
版　　次	2019 年 6 月第 1 版	
印　　次	2019 年 6 月第 1 次印刷	

开　　本	710×1000　1/16	
印　　张	12	
插　　页	2	
字　　数	203 千字	
定　　价	48.00 元	

目　录

第一章

绪　论

第一节　研究对象概述

雷州半岛是我国三大半岛之一，隶属湛江市行政管辖，其地理和行政单元基本是重叠的，为相关文献提供了一个相对独立的研究对象，即文献中湛江市和雷州半岛的经济地理范围是一致的。在经济数据处理和表述上，本书把雷州半岛和湛江市（全市）视为等同，为表述简洁，有时也称为"半岛"。湛江市是我国沿海最早开放的 14 个城市之一，又是广东省的人口大市，但所辖半岛是广东省欠发达地区之一，引起了文献的关注（见第二章）。以下，对雷州半岛的区位条件、自然资源条件和社会经济条件做一简单介绍。

一　区位条件[①]

雷州半岛位于广东省西南部，东、南、西三面环海，地理坐标为东经 109°41′—110°58′，北纬 20°07′—21°57′，土地总面积 13225.4 平方公里。东临南海与茂名市的电白县相邻，南与全国最大特区、国际旅游岛及自贸港海南省隔海相望，西濒北部湾，北接茂名的化州市及广西壮族自治区。行政区域包括湛江市所辖的雷州、廉江、吴川三个县级市，徐闻、遂溪两县和赤坎、霞山、坡头、麻章四个县级区，湛江经济技术开发区及东海岛经济开发试验区，共 87 个乡镇。截至 2017 年年末全市常住人口 730.5 万（户籍总人口 838.94 万），常住人口城镇化水平为 42.09%。

处于雷州半岛的湛江市是全国第一批 14 个沿海开放城市之一，也是

[①]　区位条件和自然资源条件部分参考了湛江政府网相关内容，http：//www. zhanjiang. gov. cn/fileserver/statichtml/2017-03/acb5621c-ee48-4922-84d9-146949fee79d. htm。

粤西地区经济文化中心，具有海、陆、空及管道运输齐备的交通运输网。黎湛铁路同桂、滇、黔、川等省区和湘西等地连接，广湛高速公路湛江段和粤海铁路湛江段已建成通车，经济腹地辽阔。湛江机场可直接与全国各地通航。湛江港为我国第七大港口，港阔水深，2017 年货物吞吐量达 28152 万吨，是我国对外经济贸易的南大门，战略地位十分重要。特别是拥有大陆地区进入东盟国家的海上通道，在中国—东盟开展自由贸易合作过程中，其海上"桥头堡"的地位不可替代。雷州半岛地处粤桂琼交汇处，也是东盟自贸区、泛珠三角经济区、西南经济区、北部湾经济区、海南国际旅游岛和自贸港等多个经济区交汇处，湛江又是"一带一路"支点城市，区位优势明显。

半岛的区位优势未能充分发挥，其经济发展水平与珠三角地区相比还有较大差距，但经济发展潜力大。

二　自然资源条件

雷州半岛拥有丰富的南亚热带特色的农林渔牧业产品资源，是全国四大糖蔗基地之一，全国最大的桉树、剑麻生产基地和红树林基地。雷州半岛是我国著名的菠萝、杧果、红橙之乡，外运菜面积、产量和产值均排在全国五大南菜北运基地的首位。半岛内现有热带作物、水果、水产、畜牧、林业 5 大类 21 个农业商品基地，已成为广东省乃至全国重要的剑麻、橡胶、甘蔗、外运菜、菠萝、香蕉、杧果、红橙、桉树产业基地及节粮型畜牧业基地。

半岛内已发现 33 种矿物资源，有开采价值的矿产 155 处。非金属矿产高岭土、硅藻土、膨润土、泥炭土的储量和质量均居全省前列，其中高岭土品位高、储量大，开发前景广阔。

雷州半岛周边海域内南海北部大陆架盆地油气资源十分丰富，是世界四大海洋油气聚集中心之一；预测石油资源量达 145 亿吨、天然气资源量 13.2 万亿立方米，该区域有国内海上最大的气田崖 13-1 储量达 1000 亿立方米。向香港供气的中国海洋石油南海西部公司就设在雷州半岛的湛江市。该公司发现气田 5 个、含气构造 13 个，探明天然气地质储量 3500 多亿立方米；发现油田 12 个、含油构造 4 个，探明原油和控制地质储量 2.4 亿多吨。已在进行开采的油田 3 个、气田 1 个。

雷州半岛拥有蓝色滨海旅游与海洋旅游资源、绿色生态与农业旅游资源、红土风情与历史文化资源，构成了"蓝、绿、红"三大旅游特色。已开发东海岛、吉兆湾两个省级旅游度假区以及南三岛、吴阳金海岸、徐闻白沙湾等市级旅游度假区。全世界两个"玛珥湖"之一的湖光岩位于麻章区，为广东省著名的风景区，已被评为国家地质公园。湛江红树林国家级自然保护区是中国大陆红树林面积最大、品种最多的保护区，面积达2万公顷。徐闻县有中国大陆近海唯一保存最完好、面积最大的珊瑚自然繁殖区。还有古迹众多的国家级历史文化名城雷州市、珍稀植物繁多的南亚热带植物园、广东最大的"人造海"鹤地水库等，发展旅游业前景广阔。

三　经济社会条件①

2017年全市实现生产总值2824.03亿元，按可比价计算，比上年增长6.80%。其中，第一产业增加值525.30亿元，增长4.50%，对GDP增长贡献率为11.90%；第二产业增加值1094.71亿元，增长7.60%，对GDP增长贡献率为42.30%；第三产业增加值1204.03亿元，增长7.20%，对GDP增长贡献率为45.70%。人均生产总值38744元，按平均汇率折算为5738美元。源于湛江的财政总收入583.80亿元，比上年增长25.20%；全市一般公共预算收入135.00亿元，比上年增长21.00%。城市综合实力位居全国百强城市之列。

2017年全市三次产业比例为18.60∶38.80∶42.60；对比2016年，第一产业下降了0.60个百分点、第二产业上升了0.60个百分点、第三产业持平。第三产业比重超出第二产业3.80个百分点，其中先进制造业增加值306.88亿元、现代服务业增加值612.28亿元，分别增长8.10%和8.40%，结构趋于优化。民营经济增加值1818.22亿元，增长7.70%，民营经济发展活跃。

2017年固定资产投资1641.53亿元，比上年增长7.20%；社会消费品零售总额1578.08亿元，增长10.10%，扣除物价因素，实际增长8.90%；外贸进出口总额345.64亿元，比上年增长13.5%；港口货物吞吐量28152万吨，增长10.3%，集装箱吞吐量89.22万标准箱，增长28.70%。

---

① 参考了《2017年湛江市国民经济和社会发展统计公报》相关内容。

经过多年的沉淀，雷州半岛积累了一定的经济发展基础。

第二节　研究的背景、意义、方法和可能的创新之处

我国有三大半岛：辽东半岛、山东半岛和雷州半岛。其中山东半岛面积3.9万平方公里，海岸线1800公里，是我国第一大半岛；所辖重要城市有青岛、烟台、威海、潍坊、日照等。辽东半岛面积2.7万平方公里，海岸线1600公里，是我国第二大半岛；所辖重要城市有大连市、丹东市、营口市等。雷州半岛面积0.89万平方公里，陆地海岸线约1180公里，是三个半岛中最小的一个，所辖主要城市是湛江市。

一　研究的背景

40年的改革开放促使了我国经济的飞速发展，也导致了我国区域经济差距不断扩大。不仅表现在东、中、西三大区域的空间差异，也体现在省域空间上。广东省是我国经济整体发展水平高，但区域差异大的省份。

表1-1是2016年广东省四区域的GDP及人均GDP数据。从总量上看，粤东、西、北三区域GDP占珠三角的比重都没有达到10%；从人均值看，粤西的人均GDP中珠三角的比重刚超过三分之一，其他两区域的人均GDP占珠三角的比重没达到30%。无论是总量还是人均值，珠三角与粤东、西、北的差距大，区域发展不平衡，呈现出典型的"中心"与"外围"的二元空间结构。

表1-1　　　　2016年广东省四区域的GDP及人均GDP比较

	GDP（亿元）	占珠三角比重（%）	人均GDP（元）	占珠三角比重（%）
珠三角	67841.9	—	114281.0	—
粤东	5893.2	8.7	34036.0	29.8
粤西	6491.9	9.6	40884.0	35.8
粤北	5328.7	7.9	31941.0	27.9

如何打破广东省区域发展不平衡的现状，形成区域协同发展格局，是党中央、广东省委省政府及相关研究关注的课题。为此，2017年2月3

日，国务院《关于印发"十三五"现代综合交通运输体系发展规划的通知》（国发〔2017〕11号），湛江被定位为全国性综合交通枢纽城市；2017年2月10日，国家发展和改革委、住房和城乡建设部《关于印发北部湾城市群发展规划的通知》（发改规划〔2017〕277号），湛江被定位为北部湾中心城市；2017年10月27日，广东省人民政府《关于印发广东沿海经济带综合发展规划（2017—2030年）的通知》（粤府〔2017〕119号），湛江被定位为广东省域副中心城市。2018年1月3日，广东省委第十二届三次全会提出要把湛江打造为广东新的增长极；2018年5月15—16日，广东省委书记李希在湛江调研时强调：湛江要全力打造省域副中心城市；2018年6月8日，广东省委十二届四次全会提出要因地制宜促进城市高水平发展，粤西要强化湛江发展能级，打造省域副中心城市和高水平全国性综合交通枢纽。

2018年10月22—25日，中共中央总书记、国家主席、中央军委主席习近平在广东考察。对广东提出了4个方面的工作要求：一是深化改革开放，二是推动高质量发展，三是提高发展平衡性和协调性，四是加强党的领导和党的建设。在要求广东提高发展平衡性和协调性时强调：要加快形成区域协调发展新格局，做优做强珠三角核心区，加快珠海、汕头两个经济特区发展，把汕头、湛江作为重要发展极，打造现代化沿海经济带。

从中央到广东省一系列不同级别的区域发展政策，为湛江城市功能定位的提升提供了相应的制度支持。

二　研究的意义和目的

（一）研究的意义

研究湛江打造粤西地区省域副中心城市，具有以下几方面的意义：

第一，从广东省域空间角度，有利于破解现行的二元空间结构，促进广东省全面、协调发展，构建和谐的发展态势。

第二，从全国沿海区域空间视角，有利于形成新的经济增长极，完善我国沿海发展轴线。

第三，促进"一带一路"支点城市发展，有利于落实"一带一路"倡议。

第四，通过对湛江省域副中心形成机制的研究，进一步深化区域次中心理论。

（二）研究目的

第一，拟为湛江打造省域副中心城市提出相应的对策建议，促进珠三角与粤东、粤西、粤北协调发展。打破广东省现行的二元空间结构，关键在于粤东、粤西、粤北区域的跨越式发展。广东省委十二届四次全会提出要以构建"一核一带一区"区域发展格局为重点，加快推动区域协调发展；要因地制宜促进城市高水平发展，粤西要强化湛江发展能级，打造省域副中心城市和高水平全国性综合交通枢纽。湛江跨越式发展的上级政策已陆续出台，现在关键是湛江如何应对，即设计相应的实现机制（或对策建议），实现跨越发展。

第二，基于广义梯度推移理论，通过粤西地区省域副中心形成机制的研究，深化区域次中心理论，为欠发达地区跨越式发展提供借鉴。从欠发达地区实现跨越式发展角度，探讨湛江如何抓住钢铁、石化和造纸等大项目落户，珠三角及国际产业转移机会；立足海洋经济特色，依托现有区位条件、生态环境、人力资源等优势；充分利用国家及广东省给予的全国性综合交通枢纽城市、北部湾中心城市、广东省域副中心城市和广东新的增长极等政策优势；构建现代产业体系，积极寻求区内外合作，实施广义梯度推移发展，成为粤西—北部湾区域乃至广东省的新经济增长极。

三　研究的方法

在研究过程中，本书按照"提出问题、分析问题、提出解决方案"的思路。运用文献分析法、综合分析法、多元统计法、实地调研、对比研究等方法完成上述研究。具体见图1-1。

四　可能的创新点和研究特色

（一）可能的创新点

第一，首次在不同区域空间比较了湛江的相对优势。基于广义梯度推移理论，通过比较北部湾区域各城市的梯度水平，与广州（高梯度区域）、南宁（次高梯度区域）相比，北部湾城市属于大区域（泛珠三角区域）中的塌陷区域（图6-1），湛江则是塌陷区域中的高梯度区域。

第二，初步探讨了区域副中心形成的机制。湛江远离珠三角，受经济中心的极化作用小，属于塌陷区域中的高梯度区域，具备了带动雷州半岛实施广义梯度发展的基础，有望成为粤西—北部湾乃至广东省的新经济增

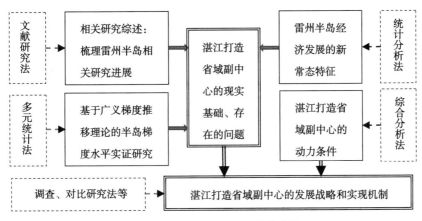

图 1-1　主要研究方法及技术路线

长极。

（二）研究特色

将广义梯度推移理论和湛江经济发展实践相结合，为湛江打造广东省域副中心城市提供理论支持。

第三节　研究框架

为贯彻落实习近平总书记广东考察讲话精神，推动雷州半岛打造广东省域副中心。本书探讨了湛江打造省域副中心的现实基础（包括空间、港口、经济等）、动力条件、发展战略及相应的对策措施。具体研究框架如图 1-2 所示。

第一部分为绪论。主要介绍本研究的研究对象、现实背景及意义、研究方法和创新点、研究框架和结构安排等。

第二部分是文献综述。通过文献梳理，了解雷州半岛发展的历史脉络、存在的问题等。首次对雷州半岛社会经济发展的研究文献进行系统的梳理，构成了研究的逻辑起点。

第三部分是对雷州半岛经济发展的新常态特征分析。基于相关经济统计数据，分析了新常态下雷州半岛的经济发展特征。构成湛江打造省域副中心的现实基础之一。

第四部分论述了湛江打造省域副中心的梯度水平及港口优势。基于广义梯度推移理论，探讨湛江的梯度水平，并分析湛江在不同区域空间中的

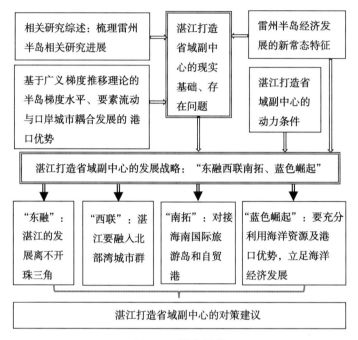

图 1-2　研究框架

相对优势，构成湛江打造省域副中心的空间基础。基于港口特色构建要素流动与口岸城市耦合发展的系统动力学模型，评估要素流动对区域经济的影响，形成湛江打造省域副中心的要素流基础。为湛江打造省域副中心提供理论支撑。

　　第五部分论述了湛江打造省域副中心的动力条件及发展战略。从区位条件、上级政策、区域合作、内在支撑四个方面分析了湛江打造省域副中心的动力条件，结合近十年来雷州半岛发展定位、发展重点的不断调整，提出了湛江打造省域副中心的"东融西联南拓、蓝色崛起"发展战略。基于湛江发展的实际情况，分析了其中的"东融"及"蓝色崛起"的现状和问题。

　　第六部分探讨了湛江打造省域副中心的"西联"困境与对策。回顾了北部湾经济圈城市间合作的历史进程，分析了北部湾经济圈城市间合作的困境，探讨了基于合作模式创新的北部湾港口城市合作，并提出了相应对策。

　　第七部分是湛江打造省域副中心的"南拓"现状与展望。将北部湾城市群划分为"东轴"和"西轴"两条城市轴线，基于相关区域经济指标，实证结果显示"东轴"城市处于点轴形成的初始阶段，湛江和海口表现出双城联动增长极趋势，是湛江"南拓"的基础。进一步探讨了湛江"南拓"的最大障碍——琼州海峡跨海通道问题：前期研究、运输现状、存在的问题及建设琼州海峡固定式跨海通道战略意义等。

第八部分是本书的结论及对策建议。概述了本书的主要研究结论，总结了本书的创新及后续研究的方向，最后提出了湛江打造省域副中心的对策建议。

第二章

雷州半岛发展的历史脉络

——基于文献的述评

第一节 历史时期雷州半岛经济发展回顾

已有文献主要关注历史时期外来移民对半岛发展的促进作用，以及后续发展时期没有及时扩大经济腹地、发挥港口和海洋经济优势，最终导致了农业经济为主的不利发展模式。

郭天祥（2000）[①] 探讨了历史时期雷州半岛外来移民的迁入及其对这一地区土地开发的推动作用，认为秦汉以来，经济文化发展程度较高的北方移民的不断迁入，曾经极大地推动了这一地区土地开发的进程。申友良（2016）[②] 的研究认为：具有独特地理环境的雷州半岛在唐代得到进一步的开发和发展。农业与渔业相辅相成，陶瓷业得到大力发展，对外贸易成为当地重要经济支柱，城市人口增加，城市布局规模化；进而促进了当时政治开明化，形成独特的雷州文化；促进了唐代与东南亚，南亚部分国家地区的文化交流与传播。宋代，基于雷州港的优越地理位置、朝廷对海南岛及周围地区统治的巩固、人口增加及历史悠久的航海文化，雷州港对外贸易繁荣、贸易路线众多，瓷器、药物、铜钱等物品远销国外，促进了当地经济文化的发展（申友良，2016）。[③④] 王为东（2002）[⑤] 的研究认为：两宋时期，以人口增长、土地开发为前提，农业、手工业、商业都取得了

---

① 郭天祥：《外来移民与雷州半岛的土地开发》，《湛江师范学院学报》（哲学社会科学版）2000 年第 2 期。

② 申友良：《唐代雷州半岛的经济发展研究》，《社科纵横》2016 年第 1 期。

③ 申友良：《唐宋时期雷州港兴起的原因探究》，《社科纵横》2016 年第 2 期。

④ 申友良：《宋代雷州半岛的对外贸易研究》，《社科纵横》2016 年第 3 期。

⑤ 王为东：《宋代雷州半岛经济发展浅探》，《湛江海洋大学学报》2002 年第 5 期。

前所未有的发展，尤其是大型水利工程的兴建，为雷州半岛传统产业的发展提供了广阔的空间，巩固了其"天南重地"的地位和基础。但仅靠半岛内部经济发展潜力的挖掘，没有及时打通和腹地联系的通道，没有发挥丝路始发港可以依靠海洋和港口的优势，使得雷州半岛的发展主要依靠种植业带动，和外界缺乏必要的联系。而且这种社会生产活动方式自宋代以后渐趋稳定，缺乏改进更新的动力，使半岛的发展走上一条迥异于珠江三角洲的模式。

先进地区的人口流向落后地区，必然将先进的生产方式、生产技术一同带入新居地，从而推动迁入区的开发进程（郭天祥，2000）[1]。这些历史时期的发展经验对当前半岛的发展，特别是引进人才有一定的借鉴作用。

第二节 港口与海洋经济发展研究

作为天然的深水良港，湛江港区位优势明显：地处珠三角经济区、北部湾经济区以及海南国际旅游岛（自贸港）三个国家级发展平台的交汇处，具有背靠大西南、连通东南亚的地缘优势，是我国实施海洋战略的关键节点之一。引发了众多文献的关注。

湛江作为海洋经济大市，海洋资源优势明显。2013年11月，第二届中国海博会明确由广东省政府、国家海洋局联合主办，湛江市政府会同广东省海洋与渔业局、广东省外经贸厅、国家海洋局海洋宣传教育中心共同承办，同时明确中国海博会永久会址选定湛江市，以后每两年举办一届。中国海博会选址湛江，为湛江发展海洋经济提供了契机，成为经济发展的新增长点。将有力推动雷州半岛经济振兴发展，有效破解广东省区域发展不平衡的现状，确保"三个定位、两个率先"[2] 总目标顺利实现。

关于雷州半岛港口及海洋经济发展，已有文献从港口发展的历史借鉴、发展战略演变、临港工业发展、港口物流、半岛海洋经济发展现状、

---

① 郭天祥：《外来移民与雷州半岛的土地开发》，《湛江师范学院学报》（哲学社会科学版）2000年第2期。

② 2012年，习近平总书记到广东考察，明确要求广东努力成为发展中国特色社会主义的排头兵、深化改革开放的先行地、探索科学发展的实验区，率先全面建成小康社会、率先基本实现社会主义现代化。

存在的问题及发展思路，海洋经济资源，融入国家"一带一路"倡议等角度进行了探讨。

一　半岛港口发展研究

（一）港口发展的历史借鉴

赖琼（2003）[①] 从历史地理学角度对徐闻和雷州二港的位置进行考察，阐述二港位置的变化与地理环境变迁和区域经济开发之间的关系，认为徐闻港和雷州港的兴衰主要是受港口所在地当时的经济开发程度、其在对外交通格局中所处的地位以及国家政治、军事和对外贸易政策的制约。秦汉时期，雷州半岛南部地区的重点开发促进了徐闻港的发展；秦汉以后，随着雷州半岛开发重点的北移，雷州港取代了徐闻港。

港口的发展离不开当地的经济繁荣，这正是当前湛江港发展的制约因素。

（二）港口发展战略的演变

湛江市委于1992年年底果断提出"依托大港口、发展大工业、开拓大市场、促进大发展"的港口发展战略。1995年，时任湛江市常务副市长的谢鉴明（1995）[②] 分析了湛江的优势：天然资源为湛江地区经济发展提供了基础，区域位置为湛江地区经济发展提供了有利的区位条件，港口优势是湛江经济发展的最大优势。为全面实施港口经济发展战略，应切实做好以下工作：第一，按照国家主枢纽港和国际贸易枢纽格局扩建湛江港，加快疏港交通配套设施建设，最大限度地发挥湛江港在区域经济中潜在的"龙头""大泵站"作用。第二，建立临海型现代支柱工业基地，创造"大项目"效应，牵动湛江经济走上"快车道"。第三，开辟东海岛为自由港区。同年，时任湛江市市长的庄礼祥（1995）[③] 进一步指出："依托大港口发展大工业，开拓大市场，促进大发展"的"以港兴市"的发展战略，是湛江跨世纪的战略选择。并提出了"抓住机遇，加快步伐，

---

① 赖琼：《历史时期雷州半岛主要港口兴衰原因探析》，《中国历史地理论丛》2003年第3期。

② 谢鉴明：《发挥港口优势　带动西翼起飞——关于加快湛江建设的思考》，《港澳经济》1995年第3期。

③ 庄礼祥：《以港兴市——湛江跨世纪的战略选择》，《港澳经济》1995年第11、12期。

深入实施港口发展战略"。之后，宁凌和尹萌（2006）[1] 从泛珠三角区域合作的角度，提出打造湛江国际枢纽港、建设中国—东盟大通道的构想；并提出了相应的措施。

但是，在实践中湛江未能抓住机遇，港口发展战略没有得到充分实施，走向了"两水一牧"的发展道路。

（三）临港工业、物流发展探讨

陈群平和吕渭济（2005）[2] 从区位优势、资源优势和产业优势等方面分析了湛江市临港工业集群化发展的可行性、必要性及相关对策。钟足峰和许抄军（2013）[3] 从种群生态学角度，探讨了基于港口群的雷州半岛物流体系构建及相应建议：夯实现代物流体系基础、构建多维立体物流体系、推进高新技术应用、搭建协调的政策法制平台。罗永华（2016）[4] 认为：湛江市应该凭借港口区位优势和丰富海洋资源，围绕国家海洋经济发展战略及"一带一路"倡议，整合创新传统港口物流体系，将湛江港建设成一个多功能、综合性的现代化新型港口；进一步提出了具体措施。严艳荣（2018）[5] 分析了湛江保税物流中心对区域经济的影响。陈臻和曹宇（2016）[6] 的研究认为：现阶段片面地增加生产要素投入（如基础设施建设和化肥施用）并不能明显提高雷州半岛的农业和港口物流业产出；加大农业科技研发力度、扩大农业机械使用范围、鼓励农产品物流的集装箱化是更为有效的措施。新型城镇化进程中，农业现代化使越来越多的农产品以集装箱形式进入港口物流体系、为湛江港提供新的货源，使传统上为工业品流通服务的港口集装箱物流

①　宁凌、尹萌：《打造湛江国际枢纽港 建设中国—东盟大通道的构想》，《珠江经济》2006年第12期。

②　陈群平、吕渭济：《关于湛江市临港工业园产业集群发展对策的研究》，《湛江师范学院学报》2005年第1期。

③　钟足峰、许抄军：《基于种群生态学理论的雷州半岛物流体系构建》，《物流技术》2013年第7期。

④　罗永华：《港口物流与区域产业结构优化——基于湛江市的实证》，《北京交通大学学报》（社会科学版）2016年第2期。

⑤　严艳荣：《湛江保税物流中心对区域经济的影响研究》，《现代营销》2018年第21期。

⑥　陈臻、曹宇：《新型城镇化进程中沿海地区农产品物流优化——基于雷州半岛的实证研究》，《江苏农业科学》2016年第6期。

得到新的发展动力（陈臻，2016）。① 尤妙娜（2017）② 提出了发展湛江市现代物流的建议。孟飞荣（2018）③ 分析了湛江港口物流—腹地经济联动发展机制，基于 2000—2016 年湛江港口物流和腹地经济的关联程度，提出了促进湛江港口物流与腹地经济联动发展的对策建议。

（四）港口发展的制约因素及对策

孟飞荣和高秀丽（2015）④ 分析了湛江港发展的制约因素：腹地集疏运系统建设滞后、腹地和临港工业发展缓慢、周边港口的竞争、区域内产业发展趋同、经济地位较低；提出了发展对策：大力发展集装箱业务、加强港口基础设施建设、加快临港工业园建设、增加与东盟港口合作、加快发展远洋运输业务。

二　半岛海洋经济发展研究

（一）不同历史时期雷州半岛海洋经济发展的现状、存在的问题及对策

已有文献分析了不同历史时期雷州半岛海洋经济发展现状。半岛海洋经济发展由 20 世纪 90 年代的"初具规模，形成了有自己特点的海洋产业体系"（龙竹、龙虎，2001）⑤；到 21 世纪之初的"充分发挥海、岛、港等优势资源，逐步加大海洋资源开发力度，在发展海洋经济方面取得了巨大成就"（王保前、张莉，2010）⑥；再到"十二五"前期的"大力推进海洋资源综合开发，积极探索海洋经济发展新路子，使海洋经济发展再上新台阶"（吴海燕、白福臣，2011）⑦；以及形成最有发展前景的海洋产

① 陈臻：《新型城镇化进程中沿海港口农产品集装箱物流的发展——基于雷州半岛的实证研究》，《物流技术》2016 年第 2 期。
② 尤妙娜：《"一带一路"战略下湛江物流业发展分析》，《当代经济》2017 年第 22 期。
③ 孟飞荣：《湛江港口物流—腹地经济联动发展机理及实证研究》，《经济论坛》2018 年第 10 期。
④ 孟飞荣、高秀丽：《海上丝绸之路战略下湛江港口发展策略分析》，《物流技术》2015 年第 5 期。
⑤ 龙竹、龙虎：《湛江海洋经济的现状及发展思路》，《中国渔业经济》2001 年第 6 期。
⑥ 王保前、张莉：《湛江海洋经济发展研究》，《中国渔业经济》2010 年第 5 期。
⑦ 吴海燕、白福臣：《湛江海洋经济发展的现状、问题及对策》，《中国渔业经济》2011 年第 5 期。

业：临港工业、海洋渔业、滨海旅游业（林海棠、高维新，2013）[①]。雷州半岛的海洋经济发展较快，总量持续上升；由 1995 年的 72 亿元增至 2012 年的 1237.6 亿元[②]、到 2016 年的 1258.49 亿元（马晓南、居占杰，2018）[③]、再到 2017 年的 1546 亿元，海洋经济总量长期在广东地级城市中居于首位。但存在以下问题：海洋资源优势未得到充分利用、海洋产业结构优化有待完善、海洋高新技术产业未形成规模、海洋生态环境缺乏有效保护、海洋管理体制相对落后、海域开发秩序混乱。针对存在的问题，研究文献提出了以下建议：科学规划、合理开发海洋资源；优化海洋产业结构，重点发展海洋优势产业；引进先进技术和优秀人才，推动海洋高新技术产业发展；完善海洋法规制度，有效保护海洋生态环境；协调利益关系，强化海洋管理和服务。

我国对于发展海洋经济，经历了从传统海洋产业到现代海洋产业、从狭义海洋产业到广义海洋产业转变认识过程。尽管湛江早在 20 世纪 90 年代就提出海洋开发总体规划（陈祥胜，1996）[④]，但湛江海洋经济仍然处于传统及狭义海洋产业向现代及广义海洋产业过渡阶段。湛江海洋经济的历史嬗变，既有因海上航路而带来的经济繁荣时期，也有因港口和航路重心转移或明清海禁政策而导致的衰落，可谓广东乃至中国海洋经济历史发展的缩影（白福臣等，2014）[⑤]。在做大传统海洋经济的基础上，推动海洋高新技术产业发展，是未来半岛海洋经济发展的方向。

（二）半岛海洋经济资源研究

海洋资源是海洋经济发展的基础，也是雷州半岛的优势所在，包括自然条件、文化、基础设施、人才、港口等方面。龙竹和龙虎（2001）[⑥] 分析了湛江海洋资源的优势，提出构建湛江海洋经济产业体

---

① 林海棠、高维新：《雷州半岛海洋经济发展现状及对策》，《现代农业科技》2013 年第 8 期。

② 数据来源：《广东湛江市海洋经济总量全省第三简述》，中国行业研究网，http://www.chinairn.com/news/20130507/133053811.html，2013 年 5 月 7 日。

③ 马晓南、居占杰：《湛江市海洋经济创新发展的路径及对策研究》，《山西经济管理干部学院学报》2018 年第 2 期。

④ 陈祥胜：《扬长避短：湛江建设"海洋大市"》，《瞭望》（新闻周刊）1996 年第 16 期。

⑤ 白福臣等：《湛江海洋经济史》，海洋出版社 2014 年版，第 4 页。

⑥ 龙竹、龙虎：《湛江海洋经济的现状及发展思路》，《中国渔业经济》2001 年第 6 期。

系设想和湛江海洋经济的发展思路。廖金凤（1999）[①] 则探讨了雷州半岛海涂资源利用存在的问题和应采取的对策与措施。李巧玲（2003）[②] 认为雷州半岛海洋农业文化源远流长、海洋商业文化历史悠久、海神崇拜文化历史积淀深厚。提出"传承雷州半岛海洋文化，发展特色海洋产业"的对策。黄小玲（2014）[③] 探讨了雷州涉海传说的海洋文化价值，是当地人利用海洋资源所创造的精神财富的一部分。车斌和孙琛（2000）[④] 分析了湛江的基础设施、工业基础、港口、海洋资源、旅游资源等方面的优势，提出湛江经济发展应以海洋运输业作为其主导产业。莫国宁（2007）[⑤] 分析了探讨发展湛江航运业的优势和存在的问题。卓永强和毕修颖（2012）[⑥] 分析了建设湛江海员人才强市的战略意义、需要解决的问题及应采取的对策。

雷州半岛应充分利用海洋资源优势，打造 21 世纪海上丝绸之路战略支点。

（三）"海丝之路"与半岛海洋经济发展

融入"海丝之路"建设是未来雷州半岛经济发展的必然选择。文献从"海丝之路"始发地、区位和港口优势、特色产业等角度进行了探讨。

韩湖初和杨士弘（2004）[⑦] 在相关研究综述的基础上得到以下结论：合浦与徐闻同为中国古代海上丝绸之路始发港。也就是说，雷州半岛是海上丝绸之路始发地之一。王为东（2002）[⑧] 认为：由于没有及时打通和腹地联系的通道，没有发挥丝路始发港可以依靠海洋和港口的优势，使得雷州半岛的发展主要依靠种植业带动，和外界缺乏必要的联系，半岛的发展

---

① 廖金凤：《雷州半岛海涂资源的开发利用及其对策》，《资源开发与市场》1999 年第 2 期。

② 李巧玲：《雷州半岛海洋文化与海洋经济发展关系研究》，《热带地理》2003 年第 2 期。

③ 黄小玲：《论雷州涉海传说的海洋文化价值》，《哈尔滨学院学报》2014 年第 5 期。

④ 车斌、孙琛：《充分发挥资源与地缘优势加快湛江海洋经济强市建设》，《湛江海洋大学学报》2000 年第 2 期。

⑤ 莫国宁：《如何加快湛江市水运业的发展》，《广东造船》2007 年第 4 期。

⑥ 卓永强、毕修颖：《建设湛江海员人才强市问题探析》，《广东海洋大学学报》2012 年第 2 期。

⑦ 韩湖初、杨士弘：《关于中国古代"海上丝绸之路"最早始发港研究述评》，《地理科学》2004 年第 6 期。

⑧ 王为东：《宋代雷州半岛经济发展浅探》，《湛江海洋大学学报》2002 年第 5 期。

走上一条迥异于珠江三角洲的模式。李飞星、罗国强和郭丽珍（2015）[①]认为：在21世纪"海上丝绸之路"建设中，粤西区域的湛江、茂名、阳江承担两洋运输通道、中国与东盟及非洲结盟谋求共同发展的重任。杨伦庆和刘强（2015）[②]分析了湛江参与建设21世纪海上丝绸之路的基础和优势、存在的问题和挑战，并对推动湛江参与建设21世纪海上丝绸之路提出了若干设想。孙省利和李星（2014）[③]认为：21世纪海上丝绸之路使古港徐闻再次成为我国与东南亚贸易往来的桥头堡；进一步，李星和刘锦男（2014）[④]提出徐闻在21世纪海上丝绸之路战略格局下凭借其丰富的蓝色资源，大力发展生态渔业、海洋产业，重振徐闻南珠文化的构想。王幸福、刘伶俐和高维新（2018）[⑤][⑥]在分析湛江海洋产业发展现状及存在问题（面临困境）的基础上，提出了湛江海洋产业对接"一带一路"倡议的对策措施。

广东在21世纪海上丝绸之路建设中具有历史传承、人缘商网、港口通道及经济实力等比较优势，是建设21世纪海上丝绸之路的先行地。而雷州半岛在海洋资源、地理区位及港口等方面的优势不可替代，融入21世纪海上丝绸之路建设，将使雷州半岛在中国—东盟自由贸易区升级版建设中的桥头堡地位更加显现；也将为半岛新一轮改革发展带来新机遇。

（四）半岛海洋经济发展战略研究

在雷州半岛的不同发展时期，已有研究从不同角度、层面探讨了其海洋经济发展战略。

早在1993年，湛江市委领导提出了"大港口、大工业、大市场、大

---

① 李飞星、罗国强、郭丽珍：《广东参与"一带一路"建设的战略选择》，《开放导报》2015年第2期。

② 杨伦庆、刘强：《湛江参与21世纪海上丝绸之路建设的思考》，《当代经济》2015年第1期。

③ 孙省利、李星：《徐闻南珠产业在21世纪海上丝绸之路中的战略地位》，《新经济》2014年第11期。

④ 李星、刘锦男：《南珠产业在"21世纪海上丝绸之路"的战略地位》，《中国市场》2014年第52期。

⑤ 王幸福、高维新：《湛江海洋产业对接"一带一路"倡议的对策研究》，《湖北经济学院学报》2018年第10期。

⑥ 刘伶俐、高维新：《湛江市海洋产业对接"一带一路"的途径及对策分析》，《现代农业科技》2018年第15期。

发展"的港口经济发展战略（陈祥胜，1993）。^① 龙竹和龙虎（2001）^②提出"从实际出发，认真搞好规划；依靠科学技术，促进科技兴海；依法治海，发展海洋经济"的思路。白福臣和郭照蕊（2007）^③ 从重点发展主导产业、做大海洋经济总量，充分利用港口优势、培育港口产业群、加快临海重化工业建设，依靠科技进步、提高海洋产业竞争力四个方面提出了建设湛江粤西海洋经济重点市的战略思考。欧春尧和宁陵（2017）^④ 基于系统动力学模型构建湛江市海洋经济创新发展的运行机制，探讨湛江市海洋经济创新发展战略选择。马晓南和居占杰（2018）^⑤ 探讨了湛江海洋经济创新发展的路径和对策建议。

（五）海洋经济与环境协调发展研究

胡俊雄（2018）^⑥ 分析了湛江海洋经济与环境协调发展的困境：海洋产业结构亟须完善、渔业经济发展面临考验、港口经济实力有待提升、旅游开发力度相对薄弱、海洋高新科技产业有待进一步发展、海洋生态环境缺乏有效保护；进一步提出湛江实现海洋经济与环境协调发展的路径：调整优化海洋产业结构、实施科技兴海战略、重视海洋生态环境建设、完善海洋综合管理体制。

（六）海洋相关产业发展研究

另外，基于水产品养殖及冷链业、对虾养殖、海洋生物医药业、珍珠首饰等海洋经济具体产业或与海洋经济发展相关产业也有研究。

陈小宏（2017）^⑦ 探讨了湛江水产养殖业的现状、存在的主要问题及对策。从对外贸易的角度，付文平、许抄军和刘文琳（2010）^⑧ 分析了金

---

① 陈祥胜：《扬长避短：湛江建设"海洋大市"》，《瞭望》（新闻周刊）1996 年第 16 期。

② 龙竹、龙虎：《湛江海洋经济的现状及发展思路》，《中国渔业经济》2001 年第 6 期。

③ 白福臣、郭照蕊：《建设湛江粤西海洋经济重点市的战略思考》，《全国商情》（经济理论研究）2007 年第 10 期。

④ 欧春尧、宁陵：《系统动力演进视角下湛江海洋经济系统及运行机制研究》，《当代经济》2017 年第 8 期。

⑤ 马晓南、居占杰：《湛江市海洋经济创新发展的路径及对策研究》，《山西经济管理干部学院学报》2018 年第 2 期。

⑥ 胡俊雄：《浅析湛江海洋经济与环境的协调发展》，《当代经济》2018 年第 11 期。

⑦ 陈小宏：《湛江市水产养殖业存在的主要问题及对策》，《海洋与渔业》2017 年第 12 期。

⑧ 付文平、许抄军、刘文琳：《金融危机背景下湛江水产出口业存在问题与对策分析》，《沿海企业与科技》2010 年第 2 期。

融危机背景下湛江水产出口业面临的问题，并提出了相应对策。谭惠仁、田迎新和邓华超（2017）① 分析了湛江市水产品产业链技术标准体系研究的重要性和意义。范宇（2018）② 在分析湛江市水产品冷链配送体系现状与存在问题的基础上，提出了湛江水产品冷链物流体系构建对策。

对虾产业作为半岛传统、有特色的海洋经济产业，是文献关注的焦点之一。宋广智、徐德峰和王雅玲等（2011）③ 从产业经济和产业技术角度，徐德峰、李彩虹和王冼民等（2014）④ 从企业内部结构和外部运营环境，分别对湛江对虾产业发展存在的问题进行了分析，并提出了相应的对策。白福臣和金蕙（2007）⑤ 从提高质量安全意识、差异化竞争策略、行业协会承担责任、一体化模式等角度出发，探讨了全面提升湛江对虾出口竞争力的对策与建议。赵海军、霍琪和刘建芳（2016）⑥ 探讨了湛江对虾出口存在的问题及对虾出口的监管对策。马九杰和罗兴（2017）⑦ 分析了广东省湛江市对虾产业养殖环节和流通环节的价值链金融运作机制和风险控制机制。

白福臣和林凤梅（2015）⑧ 从加强海洋生态环境保护、拓宽投融资渠道、建设海洋科技人才队伍、培育市场需求、壮大相关产业、打造产业集群和强化政府政策导向等方面，提出加快湛江海洋生物医药产业发展的对

---

① 谭惠仁、田迎新、邓华超：《浅论湛江市水产品产业链技术标准体系研究的重要性》，《中国标准化》2017 年第 2 期。

② 范宇：《湛江市水产品冷链配送体系现状与对策分析》，《经贸实践》2018 年第 4 期。

③ 宋广智、徐德峰、王雅玲等：《湛江对虾产业核心竞争力的构建及其可持续发展》，《广东农业科学》2011 年第 14 期。

④ 徐德峰、李彩虹、王冼民等：《湛江对虾产业现状、困境与发展建议》，《广东农业科学》2014 年第 6 期。

⑤ 白福臣、金蕙：《湛江对虾出口竞争力分析与对策研究》，《经济研究导刊》2008 年第 19 期。

⑥ 赵海军、霍琪和刘建芳：《湛江对虾出口现状及对策研究》，《食品安全质量检测学报》2016 年第 7 期。

⑦ 马九杰、罗兴：《农业价值链金融的风险管理机制研究——以广东省湛江市对虾产业链为例》，《华南师范大学学报》（社会科学版）2017 年第 1 期。

⑧ 白福臣、林凤梅：《湛江海洋生物医药产业发展研究》，《中国渔业经济》2015 年第 4 期。

策建议。赵楠、李彩霞和胡思琪等 (2018)① 分析了湛江市政府在海洋生物产业集群培育作为存在的不足，并提出了促进海洋生物产业集群发展的建议。赵楠和白福臣 (2018)② 探讨了湛江海洋生物产业集群培育的政策路径。蒲月华和童银洪 (2016)③ 研究了湛江市珍珠首饰市场发展存在的问题及发展对策。

另外，周昌仕、杨钊和陈涛 (2014)④ 分析了湛江海洋产业资金支持的实践、存在问题及相关建议；余柳娟 (2016)⑤ 倡导民间投资助推湛江粤西海洋产业发展。张振举和张莉 (2015)⑥ 对湛江海洋经济低碳发展的现状和影响因素进行了探讨。白福臣和林凤梅 (2015)⑦ 提出了湛江对标青岛发展海洋新兴产业的思考。凌晓清和许抄军 (2010)⑧ 通过实证研究表明：加工贸易对湛江经济增长有一定的积极作用，但贡献率处在较低的水平，且有下降趋势。田迎新和付中光 (2017)⑨ 分析了2014—2016 年湛江市主要出口行业接收 TBT 通报数据的变化趋势，并提出了相应对策。

这些探讨为湛江市政府制定经济发展战略提供了很好的借鉴。

---

① 赵楠、李彩霞、胡思琪等：《湛江市海洋生物产业集群培育的政府作为》，《现代商贸工业》2018 年第 19 期。

② 赵楠、白福臣：《湛江市海洋生物产业集群培育的发展现状与政策路径》，《河北渔业》2018 年第 6 期。

③ 蒲月华、童银洪：《湛江市珍珠首饰市场发展现状及对策》，《现代农业科技》2016 年第 15 期。

④ 周昌仕、杨钊、陈涛：《湛江市海洋产业发展的资金支持研究》，《广东海洋大学学报》2014 年第 2 期。

⑤ 余柳娟：《倡导民间投资助推湛江粤西海洋产业发展研究》，《人力资源管理》2016 年第 4 期。

⑥ 张振举、张莉：《湛江海洋经济低碳发展现状及影响因素分析》，《农村经济与科技》2015 年第 3 期。

⑦ 白福臣、林凤梅：《湛江对标青岛发展海洋新兴产业的思考》，《当代经济》2015 年第 7 期。

⑧ 凌晓清、许抄军：《加工贸易对经济增长的促进作用——以广东省湛江市为例》，《沿海企业与科技》2010 年第 2 期。

⑨ 田迎新、付中光：《国外技术性贸易措施对湛江市出口企业的影响及应对策略研究》，《中国标准化》2017 年第 6 期。

第三节 旅游发展研究

雷州半岛旅游资源得天独厚，但旅游业的发展长期没有起色，引发了众多学者的关注。

一 旅游资源分析

涉及气候资源、火山资源、红树林、海岛等自然旅游资源，观光农业（或休闲农业）、滨海渔村、休闲体育、地域文化等人文旅游资源。

梁冰和黄晓梅（2005）[1] 的研究表明：雷州半岛具有得天独厚的气候旅游资源，正确利用气候资源评估，对发展雷州半岛的旅游事业有重要意义。郭晋杰（2005）[2] 则调查了广东湛江的火山旅游资源状况，认为火山旅游资源是不可多得的优势旅游资源，但必须整合开发。在此基础上，探讨了开发与保护的关系，以期更好地协调利用，做到绿色开发，使之发挥最大的经济效益。邓晚和夏春华（2017）[3] 基于实地调研，对湖光岩风景名胜区的使用现状进行了分析，发现存在以下问题：规划设计欠缺、资源分散、基础设施落后、环境保护欠缺。基于条件价值法，李志勇（2016）[4] 对湛江特呈岛红树林的生态旅游资源价值进行了评估，为红树林旅游开发的价格策略提供一定的科学依据。陈宁（2015）[5] 从开发思路、旅游合作与竞争、海岛功能分区等角度探讨了湛江海岛旅游开发战略；进一步对湛江开发海岛旅游资源进行了 SWOT 分析（陈宁，2015）[6]。谷晓冰（2017）[7] 分析了湛江海岛旅游开发的现状、发展机遇、问题，在借鉴其他国家海岛旅游开发经验的基础上，探寻湛江海岛旅游开发的路

---

① 梁冰、黄晓梅：《雷州半岛旅游气候资源评估》，《广东气象》2005 年第 4 期。

② 郭晋杰：《湛江火山旅游资源开发与生态保护研究》，《绿色中国》2005 年第 8 期。

③ 邓晚、夏春华：《湖光岩风景名胜区的使用现状研究》，《农业经济研究》2017 年第 7 期。

④ 李志勇：《基于条件价值法的红树林生态旅游资源价值评估——以湛江特呈岛红树林为例》，《价值工程》2016 年第 23 期。

⑤ 陈宁：《湛江海岛旅游开发战略研究》，《旅游纵览》2015 年第 21 期。

⑥ 陈宁：《湛江开发海岛旅游 SWOT 分析》，《合作经济与科技》2015 年第 11 期。

⑦ 谷晓冰：《基于海上丝绸之路背景的湛江海岛旅游开发及对策研究》，《四川旅游学院学报》2017 年第 9 期。

径，从制度供给、设施建设、环北部湾经济一体化建设、模式开发等方面提出了具体的对策建议。

吴刘萍和周昌仕（2001）① 从开发背景、开发条件、开发的原则和开发布局构想等方面，分析了湛江观光农业旅游资源；钟肖薇、闫玉科和丛瑞芳等（2018）② 探讨了湛江休闲农业发展情况及存在的问题。李巧玲（2010）③④ 分析了湛江市滨海渔村旅游资源现状，刘荻和吴小博（2015）⑤ 分析了湛江市滨海休闲体育旅游资源，提出：培育休闲体育市场，发展滨海体育产业，开拓滨海体育项目，拉动湛江经济发展，促进旅游开发。肖荣华和袁峰（2016）⑥ 基于 SWOT 分析了湛江体育旅游资源的现状。谭锡池（2018）⑦ 分析了湛江水上旅游产业发展过程中的瓶颈和发展策略。进一步，郭国森（2018）⑧ 从工程设计角度，对湛江金沙湾水上运动中心项目平面设计与竖向设计进行了研究。

姜卫卫（2015）⑨ 分析了湛江茶文化旅游存在的问题及拓展策略。安剑群（2015）⑩ 基于湛江海上龙舟邀请赛的文化特点，探讨了其开发策略。王立安和蔡玉蓉（2016）⑪ 探讨了雷州半岛南珠文化旅游品牌营销策

---

① 吴刘萍、周昌仕：《湛江观光生态经济农业的开发研究》，《生态经济》2001 年第 9 期。

② 钟肖薇、闫玉科、丛瑞芳等：《基于 SWOT 分析的广东湛江休闲农业发展研究》，《南方农村》2018 年第 2 期。

③ 李巧玲：《滨海渔村旅游发展策略探讨——以湛江市为例》，《广西社会科学》2010 年第 4 期。

④ 李巧玲：《雷州半岛滨海渔村旅游产品优化探讨》，《广东农业科学》2010 年第 4 期。

⑤ 刘荻、吴小博：《湛江市海滨休闲体育发展现状研究》，《岭南师范学院学报》2015 年第 6 期。

⑥ 肖荣华和袁峰：《运用 SWOT 分析湛江体育旅游资源现状研究》，《体育科技文献通报》2016 年第 11 期。

⑦ 谭锡池：《湛江水上运动旅游产业发展研究——基于"一带一路"背景下》，《当代体育科技》2018 年第 2 期。

⑧ 郭国森：《湛江金沙湾水上运动中心项目平面设计与研究》，《珠江水运》2018 年第 9 期。

⑨ 姜卫卫：《湛江茶文化旅游的现状及拓展策略》，《岭南师范学院》2015 年第 2 期。

⑩ 安剑群：《湛江海上龙舟邀请赛的旅游开发研究》，《岭南师范学院学报》2015 年第 3 期。

⑪ 王立安、蔡玉蓉：《雷州半岛南珠文化旅游品牌营销策略探讨》，《安徽农业科学》2016 年第 19 期。

略。胡新明（2018）① 分析了雷州半岛地域文化资源的现状，提出了湛江特色文化资源与旅游纪念品融合创新策略：融合文化形式，提炼产品符号；融合文化思想，塑造产品精神。王立安和邹文慧（2017）② 在对雷州半岛石狗文化旅游资源调查与评价的基础上，分析了其开发的制约因素，探讨了雷州半岛石狗文化旅游资源创新开发对策。梁立启和栗霞（2018）③ 基于湛江"人龙舞"的发展历程、现状及社会文化特征，对其传承发展进行了 SWOT 分析，并提出了传承发展的相关建议。武星宽和雷芸（2017）④ 在介绍雷州文化与旅游资源的基础上，探讨了其融合策略和提炼的主题。李文河（2015）⑤ 则探讨了湛江海滨旅游资源与红土文化旅游资源结合发展措施。于法稳、于贤储和王广梁（2015）⑥ 探讨了雷州半岛生态文化旅游发展的政策建议。从促进湛江旅游发展、弘扬湛江本土文化的角度，王先昌和张振举（2015）⑦ 探讨了湛江旅游工艺品发展的新举措：以湛江的地域文化为设计依托、利用特色资源和传统手工艺、提高工艺制作水平和品牌意识、注重包装和营销管理。王先昌、叶佩玲和周科律（2018）⑧ 以及刘春雨（2018）⑨ 对湛江海洋文化与旅游纪念品设计相关问题进行了研究。杨璐、罗琳琳和李潇睿（2017）⑩ 分析了湛江特色旅

---

① 胡新明：《雷州半岛地域文化资源与旅游文创产品融合创新模式研究》，《美与时代》2018 年第 7 期。

② 王立安、邹文慧：《雷州半岛石狗文化旅游资源创新开发探析》，《湖南文理学院学报》2017 年第 2 期。

③ 梁立启、栗霞：《"人龙舞"传承发展的态势分析》，《湖北体育科技》2018 年第 8 期。

④ 武星宽、雷芸：《雷州文化与旅游资源的融合性研究》，《美术大观》2017 年第 12 期。

⑤ 李文河：《湛江海滨旅游资源与红土文化旅游资源结合发展的探讨》，《绿色科技》2015 年第 4 期。

⑥ 于法稳、于贤储、王广梁：《雷州半岛生态文化旅游研究》，《生态经济》2015 年第 9 期。

⑦ 王先昌、张振举：《具有湛江地域特色的旅游工艺品发展现状和探索》，《中国包装工业》2015 年第 9 期。

⑧ 王先昌、叶佩玲、周科律：《湛江海洋文化与旅游纪念品的融合设计研究》，《设计》2018 年第 10 期。

⑨ 刘春雨：《基于海洋文化的湛江文创旅游纪念品设计研究》，《旅游度假》2018 年第 9 期。

⑩ 杨璐、罗琳琳、李潇睿：《湛江特色旅游发展策略研究》，《旅游纵览》2017 年第 10 期。

游发展存在的问题。

二　典型旅游开发模式及旅游开发条件

（一）典型旅游开发模式

黄剑坚和王保前（2009）[①] 提出以大型旅游企业和当地社区为主、政府为辅的一个混合型发展新模式，走红树林生态旅游+乡村旅游一起和谐发展的道路。庞莲荣和刘坤章（2017）[②] 以"南海丝路文化"为支撑，以湛江—北部湾—东盟旅游圈为载体，以邮轮旅游为开发形式，对湛江—东盟的旅游资源进行整合，确定邮轮+文化体验、邮轮+休闲养生、邮轮+美食购物、邮轮+亲子教育的旅游主题产品，并从线路规划、资金渠道、人才队伍方面探讨了湛江—东盟邮轮旅游通道构建。李刚、刘丽和章晓霜（2018）[③] 认为创建湛江东海岛人龙舞、海岛及工业三位一体的旅游园区，可促成观光旅游型、休闲度假型、文体创意型、装备制造型等旅游产业集聚发展模式。

（二）旅游开发条件

卢等文（1995）[④] 分析了湛江发展国际旅游的地缘优势和港口优势等有利条件。吴刘萍和周昌仕（2001）[⑤] 通过对湛江观光农业的开发背景、开发条件进行分析，提出湛江开发观光农业应遵循的原则，并对湛江观光农业的景区布局提出构想。李巧玲（2010）[⑥] 分析了湛江市滨海渔村旅游发展的有利条件、制约因素及存在问题，提出了滨海渔村旅游发展策略。进一步认为，中越北部湾划界后，以北部湾渔业为生的雷州半岛地区 63 万渔业人口面临着转产转业问题，发展渔村旅游是解决这一问题和社会主

---

① 黄剑坚、王保前：《雷州半岛红树林生态旅游发展新模式探讨》，《防护林科技》2009 年第 6 期。

② 庞莲荣、刘坤章：《"海上丝绸之路"视角下的湛江—东盟邮轮旅游通道构建》，《经济论坛》2017 年第 8 期。

③ 李刚、刘丽、章晓霜：《创建湛江东海岛人龙舞、海岛及工业旅游园区发展路径研究》，《岭南师范学院学报》2018 年第 3 期。

④ 卢等文：《湛江国际旅游业发展前景》，《统计与决策》1995 年第 3 期。

⑤ 吴刘萍、周昌仕：《湛江观光生态经济农业的开发研究》，《生态经济》2001 年第 9 期。

⑥ 李巧玲：《滨海渔村旅游发展策略探讨——以湛江市为例》，《广西社会科学》2010 年第 4 期。

义新农村（包括渔村）建设的有效途径之一（李巧玲，2010）。[①] 王红（2018）[②] 分析了湛江会展经济发展的条件、存在的问题、发展的意义及发展对策。陈颖（2017）[③] 提出了完善湛江会展经济的对策：完善会展设施与服务、实施会展品牌战略、建立会展管理体制、强化会展高素质人才的培养。

三 旅游开发定位及形象提升研究

（一）旅游发展定位

陈可文（2000）[④] 探讨了湛江市旅游业的区域定位：一是"小三角"（也叫"西三角"）的概念，即粤西地区由湛江、茂名、阳江等三个城市旅游业形成的三角区域旅游格局。二是"大三角"，即琼桂粤三角旅游区，具体指由海南、北海和湛江三地所形成的跨省旅游区域。提出湛江市旅游业建设的着眼点：应当把湖光岩作为旅游业建设的着眼点重点建设，提高其在国内外的知名度，使其成为湛江旅游业的象征，成为吸引旅游者的亮点，成为旅游业的拳头产品。

（二）旅游形象提升

蔡霞和李志勇（2013）[⑤] 基于岛湾一体化视角，从形象上构建"海湾—近海海域—海岛地域"组合系统，提升区域凝聚力；在项目投资上尊重本土经济文化，提高项目生命力；从产品上开创"海洋自然生态—海洋生产—海洋食住行—海洋购物"的全方位产品，增强市场吸引力。湛江"五岛一湾"滨海旅游规划以创新的思维整合各种资源，有利于整合湛江特色旅游资源，推进滨海旅游产业科学发展，产生集聚效应，对于加快把湛江建设成为广东滨海旅游的窗口和示范区，提升湛江市旅游产业发展水平，具有重要的指导意义。赵阳（2014）[⑥] 基于湛江城市形象识别

---

① 李巧玲：《雷州半岛滨海渔村旅游产品优化探讨》，《广东农业科学》2010 年第 4 期。

② 王红：《会展经济带动区域经济发展路径与推进策略——以湛江为例》，《中国集体经济》2018 年第 2 期。

③ 陈颖：《新常态下粤西地区会展经济现状及策略研究》，《广东交通职业技术学院学报》2017 年第 3 期。

④ 陈可文：《振兴湛江市旅游业的思考》，《南方经济》2000 年第 10 期。

⑤ 蔡霞、李志勇：《湛江"五岛一湾"滨海旅游产业园规划探讨》，《规划师》2013 年第 3 期。

⑥ 赵阳：《湛江城市形象识别系统的诠释与实践》，《艺术科技》2014 年第 6 期。

系统的现状，提出构建湛江城市形象识别系统的对策。施长样（2017）①基于企业错位竞争策略理论，提出湛江旅游目的地形象提升建议。

四　区域旅游合作及旅游配套建设

王雪芳（2008）② 分析了雷州半岛区域旅游在环北部湾经济圈中的竞合态势及竞争优势，并提出其参与环北部湾区域旅游空间竞争与合作对策。赵临龙（2016）③ 提出构建我国中西部南北旅游大通道南段设想，分析了湛江目前的不足之处：在《广东省"十二五"旅游业发展规划》中，忽略了湛江与桂林和海南的联动发展，没有使南北旅游大通道与湛江有机联系起来；《湛江旅游产业发展规划（2010—2020）》中未考虑湛江至桂林的交通线，构建南北旅游大通道精品线。进一步提出了湛江对接南北旅游大通道的建议。帅学明和王鸿（2004）④ 认为湛江完善优秀旅游城市须做好五个方面的基础性工作。

五　旅游发展思路及发展战略

张玲（2017）⑤ 在分析湛江滨海旅游业发展现状及借鉴三亚滨海旅游开发经验基础上，提出了湛江环北部湾滨海旅游业健康发展的基本思路。半岛旅游业的发展与相邻区域的北海和海南相比，产品特色不突出、地理优势不明显，又缺少政策支持，可通过"挖掘历史文化、创建旅游特色"⑥ 深度开发滨海旅游资源，推动旅游业错位发展。

江娟和张镒（2018）⑦ 分析了海南三亚和广西北海对湛江产生的双核

① 施长样：《错位竞争提升湛江旅游目的地形象》，《湖南科技学院学报》，2017 年第 7 期。
② 王雪芳：《雷州半岛区域旅游的竞合态势分析——基于环北部湾管经济圈的思考》，《旅游科学》2008 年第 1 期。
③ 赵临龙：《我国中西部南北旅游大通道南段构建的思考》，《广西社会科学》2016 年第 9 期。
④ 帅学明、王鸿：《湛江完善优秀旅游城市构想》，《湛江海洋大学学报》2004 年第 2 期。
⑤ 张玲：《对湛江环北部湾滨海旅游业发展思路的探讨》，《岭南师范学院学报》2017 年第 1 期。
⑥ 李星、朱欣文：《挖掘历史文化 创建旅游特色——雷州半岛旅游文化研究一点浅论》，《湛江师范学院学报》2011 年第 5 期。
⑦ 江娟、张镒：《旅游屏蔽效应下广东湛江全域旅游发展策略分析》，《台湾农业探索》2018 年第 1 期。

屏蔽效应：客体吸引力场屏蔽、介体利益屏蔽和主体认知屏蔽。探讨了双核屏蔽下湛江全域旅游发展策略：挖掘潜在优势，实施错位发展；加速推动全域旅游的实施；加大宣传力度，形成品牌效应。孟芳和周昌仕（2018）[1] 对湛江市休闲渔业发展进行 SWOT-AHP 分析基础上，提出了湛江市休闲渔业发展战略选择。

还有文献结合"两型社会"建设，认为旅游业满足"资源节约、环境友好"的要求，能促进"两型社会"建设，进一步提出了湛江基于"两型社会"建设的旅游业发展措施（许抄军、张东日和全东东，2011）。[2]

第四节　产业发展与结构调整升级研究

一　半岛相关产业发展研究

汤晓龙（2017）[3] 探讨了湛江发展先进制造业的策略：构建产城、产研和产融"三位一体"的创新型产业集群；配套产业全链体系专业化提升策略；构筑产业高新科技综合研发、创新产业服务、产业产品检验检测、产业融资服务四大支撑平台策略。贺亮、全秋梅和朱晓闻（2016）[4] 探讨了雷州半岛南珠产业可持续发展的思路和对策。湛江作为南海前沿重要军事基地、广东驻军大市，把军民融合发展作为经济建设和国防建设协调发展的途径，在经济建设中兼顾国防需求，自觉把经济布局调整同国防布局完善有机结合起来，实现国防建设与经济建设良性互动，同步提升战斗力和生产力（金宸，2017）。[5] 为促进湛江市电饭锅产业的转型升级，

①　孟芳、周昌仕：《基于 SWOT-AHP 的湛江市休闲渔业发展战略选择》，《农村经济与科技》2018 年第 17 期。

②　许抄军、张东日、全东东：《有利于"两型社会"建设的旅游业研究——以湛江旅游业为例》，《国土与自然资源开发》2011 年第 6 期。

③　汤晓龙：《湛江发展先进制造业的路径研究》，《当代经济》2017 年第 5 期。

④　贺亮、全秋梅、朱晓闻：《雷州半岛南珠产业可持续发展的思路与对策》，《安徽农业科学》2016 年第 20 期。

⑤　金宸：《军民结合产业示范基地——打造湛江经济发展新引擎》，《大社会》2017 年第 8 期。

黄天杨、韩卫国和苏颜丽（2015）[①] 对湛江市电饭锅产业品牌建设进行了研究。

二　金融支持与半岛经济发展

（一）金融支持与区域经济发展

曾涛和彭化非（2003）[②] 的实证数据显示，1990—2001 年，湛江五县（市）金融系统对县域经济发展的支持呈逐渐减弱趋势。在此基础上，分析了随着市场经济发展和金融体制深化，特别是县域综合体制改革和经济结构调整的加速，湛江的县域金融与县域经济发展产生的新矛盾。进一步分析了金融支持县域经济动力不足的原因（彭化非、范闽，2003）。[③] 范闽和伍绍平（2008）[④] 对湛江市的县域经济与金融支持关系的实证研究发现：湛江的县域金融与客观经济发展产生了诸多新的矛盾。对湛江市的经济发展与其金融支持进行了实证研究表明，湛江的金融体系对当地的经济增长没有起到应有的支持作用。宁凌（2009）[⑤] 运用计量分析方法，对湛江市经济增长与金融发展之间的关系进行了实证分析。

（二）湛江金融生态环境分析

张安伟（2006）[⑥] 通过对湛江市外汇生态环境情况的调查分析表明：外汇生态环境的建设已取得一定成效，但情况仍不容乐观，仍需在增强企业实力、改善政府服务、扩大政策宣传、提升银行服务理念等方面继续努力，更重要的是要不断改善整体金融生态环境。进一步分析了当前湛江市外汇金融生态环境存在的主要问题，提出了改善湛江市外汇金融生态环境

---

① 黄天杨、韩卫国、苏颜丽：《湛江市电饭锅产业品牌建设研究》，《设计艺术》2015 年第 1 期。

② 曾涛、彭化非：《县域金融与县域经济增长——基于湛江五县（市）的实证分析》，《南方金融》2003 年第 1 期。

③ 彭化非、范闽：《金融发展与县域经济增长——基于湛江五县的实证研究》，《当代财经》2003 年第 10 期。

④ 范闽、伍绍平：《县域经济与金融支持问题研究——基于湛江市县域经济的实证》，《广东金融学院学报》2008 年第 6 期。

⑤ 宁凌：《湛江市金融业对经济增长作用的实证分析与对策研究》，《广东海洋大学学报》2009 年第 2 期。

⑥ 张安伟：《欠发达地区外汇金融生态环境缺陷及其对策——对湛江市外汇金融生态环境的调查与思考》，《南方金融》2006 年第 8 期。

的建议。

（三）金融支持与新农村建设

吴昌盛（2006）[①] 基于湛江市金融支持新农村建设的实践，探讨了新农村建设中农村金融服务面临的困境，并对新农村建设中农村金融服务水平低下的成因进行了分析，提出了加快金融支持新农村建设、改善农村金融服务的对策建议。闫金秋（2018）[②] 基于湛江农垦的调研，梳理了湛江农垦在乡村经济振兴中的金融短板问题，并分析了湛江农垦在乡村经济振兴中需要现代农村金融体系扶持的环节。

（四）金融发展与经济增长的区域比较

吴昌盛（2012）[③] 认为：在北部湾城市金融发展与经济增长关系比较中，湛江表现出金融对经济渗透能力不强、资金积累较弱、信贷支持力度较小、金融资源效率和利用能力较低、金融业地位低下等特点。实证结果表明：湛江金融发展对经济增长的拉动作用较小，经济金融仅为单向长期因果关系，分析发现湛江存在金融组织体系不健全、产业结构层次较低、外部环境较差和扶持政策较少等制约因素。针对实证结果，提出湛江应加大政策扶持、创新金融服务、改善投融资环境、深化交流合作、引进机构或产业等建议，以此促进经济金融良性互动。

三　产业结构调整与升级对雷州半岛经济发展的促进作用

区域产业结构演进是区域经济发展的内在动力。已有文献对湛江改革开放之初家电产业的成功改制、之后产业结构调整的探索、承接产业转移等进行了相关研究。

（一）改革开放初期家电产业的成功改制

改革开放初期，以湛江市家用电器工业公司为代表的湛江的家电业，采取"突破社会主义单一公有化所有制的根据，实行三级所有、集体为主的多元化所有制结构；明确自身投资主体，自筹发展生产资金，加速资金周转；积极开展经济联合，不断增强生产要素"等措施。在深化经济

---

① 吴昌盛：《关于金融支持新农村建设的思考：基于湛江的实践》，《南方金融》2006年第11期。
② 闫金秋：《现代农业金融体系服务农垦发展路径研究》，《黑龙江科学》2018年第20期。
③ 吴昌盛：《区域金融发展与经济增长关系的比较研究：广东湛江视角》，《南方金融》2012年第9期。

体制改革过程中，不断改革和再造经济结构和经营机制，促进公司的所有制结构、组织结构、规模结构、决策结构、动力结构、信息结构、产业结构、产品结构、分配结构等的优化，走出了一条成功的改革之路。1986年被国务院机电产品出口办公室和国家对外经济贸易部批准为我国首批46个机电产品出口基地之一。①

（二）产业结构调整的初步探索

家电业的辉煌并没有将湛江带向工业化、城镇化发展道路，而是走向了"两水一牧"（水产、水果和畜牧业的简称）的农业发展道路，引发了一些文献对雷州半岛发展落后原因的分析及发展道路的多角度探索。面对雷州半岛远远滞后于珠三角的发展势态，刘俊杰（1998）②分析了雷州半岛区域开发的主要限制因素，进一步提出了雷州半岛区域开发与总体布局构想。黄旭（2003）③则认为：湛江经济要发展，必须重视工业，加快工业化步伐。要发展工业，就要立足自身优势，培育工业支柱产业，构建特色工业体系；加大结构调整力度，促进产业升级和工业整体素质的提高；调整县（市）区工业布局，推动区域经济协调发展。陈万灵和张士海（2004）④基于实证数据，对湛江工业化进行判断，表现为以下特征：①工业化水平缓慢提高；②重工业化水平不断提高；③产业导向性不明确，对支柱产业缺乏有效措施；④对提高竞争力起关键作用的高新技术产业发展缓慢，缺乏发展后劲。基于支柱产业选择的原则和实证数据，湛江经济发展的支柱产业可以确定为：石油化工工业，食品、饮料及烟草加工业，造纸及纸制品业，纺织服装产业，电气机械及器材制造业，专用设备、交通运输设备制造业，煤气与电力的生产和供应业，非金属矿开采业及其制品制造业等八大行业。进一步，针对重工业战略产业和支柱产业的选择，张庆霖和陈万灵（2007）⑤在分析湛江市发展重化工业优势的基础

① 蓝桂良：《湛江家电的发展道路》，《经济科学》1988年第3期。

② 刘俊杰：《雷州半岛地域开发与产业布局分析》，《湛江师范学院学报》（哲学社会科学版）1998年第2期。

③ 黄旭：《突出经济结构调整 优化湛江工业结构》，《南方经济》2003年第12期。

④ 陈万灵、张士海：《湛江工业化与工业支柱产业的选择》，《湛江海洋大学学报》2004年第5期。

⑤ 张庆霖、陈万灵：《重化工业背景下沿海欠发达城市的产业选择——以湛江市为例》，《广西社会科学》2007年第3期。

上，考虑湛江市经济发展的趋势、结合重化工业的背景，湛江市的重化工业具体应确定为：钢铁业、汽车制造业、造船业、石油化工工业、造纸及纸制品工业、机械工业、电力工业；其中钢铁业、汽车制造业和造船业应作为战略制造业加以培植；石油化工工业、造纸及纸制品工业、机械工业和电力工业作为支柱产业加以壮大。王守智和周学芝（2016）[①] 基于新型城镇化视域，探讨了湛江产业结构优化升级的困境和出路。王守智（2015）进一步分析了湛江市城乡产业发展中存在的问题：城乡三次产业布局不合理，发展层次比较低；城乡主导产业不突出，带动作用不强；城乡产业间关联度不强，协同联动发展难平衡。[②]

（三）承接珠三角产业转移的深入探讨

随着技术创新与产品生命周期的演进，发达地区的传统、落后产业会过渡到欠发达地区，表现为空间上的产业转移。随着广东省"双转移"战略的实施，湛江作为基础条件优越的欠发达地区，成为承接珠三角产业转移的主要承接地之一。文献从湛江接受产业转移所面临的挑战、对策，承接产业转移与产业升级，承接产业转移与省域产业的融合及形成区域增长极等问题进行了研究。张玉梅（2009）[③] 认为：当前，珠三角地区正处于产业升级换代产业外移时期，如何把握机遇，迎接产业转移，应对承接产业面临的挑战，实现科学有效地承接，是湛江这样一个欠发达地区迫切需要解决的重大现实问题。进一步分析了湛江承接珠三角产业转移面临的挑战，并提出了湛江承接产业转移的对策建议。吴泗（2011）[④] 认为湛江经济落后的一个重要原因就在于产业结构水平低，现代产业发展滞后，自主创新能力不足等。梁其翔和邝国良（2011）[⑤] 分析了"循环产业模式"的内涵。"'十三五'地方生态环境调查"课题组关于湛江生态经济发展实践调查报告对湛江发展循环经

---

① 王守智、周学芝：《新型城镇化视域下产业结构优化升级的困境与出路——以广东湛江为例》，《东方论坛》2016 年第 6 期。

② 王守智：《城乡产业联动：生成、窘境与出路——以广东湛江为例》，《天津商业大学学报》2015 年第 6 期。

③ 张玉梅：《关于湛江承接珠三角产业转移的对策思考》，《开发研究》2009 年第 3 期。

④ 吴泗：《构建湛江现代产业体系 转变经济发展方式》，《科技管理研究》2011 年第 21 期。

⑤ 梁其翔、邝国良：《关于广州-湛江产业转移中"循环产业模式"的研究》，《科技管理研究》2011 年第 20 期。

济、保护生态环境做出了中肯的结论：湛江初步实现了"既要经济崛起，又要蓝天碧水"的绿色崛起战略规划目标，成为我国城市生态经济和谐发展的一个典型案例。①

随着家电业的成功改制，促进了湛江家电行业蓬勃发展，出现了半球集团和三星汽车等知名企业。然而，湛江没有顺势推动工业化、城镇化，之后的"两水一牧"战略却把湛江拖回了农业大市地位。20 世纪 90 年代，湛江一度成为走私者的"天堂"，产业结构畸形发展，经济陷于低迷。21 世纪之初，广东省实施的"双转移"战略，为湛江承接产业、升级产业结构提供契机。期间，相关文献对半岛经济发展滞后的产业结构方面的原因进行了探讨，结合湛江现状，坚持以临海钢铁、石化、造纸为主导的重工业发展是湛江未来发展的主流。

第五节　"三农"问题研究

一　湛江新农村建设的问题、对策、模式经验

新时期，湛江的新农村建设要以科学发展观为指导，按照社会主义新农村建设 20 字方针的总体要求，以"一新（建设新民居）、两化（搞好绿化、美化）、四整治（整治农村垃圾、生活污水、禽畜污染、河沟池塘）"为突破口，以创"六新"（即建造新民居、建设新村场、倡导新生活、形成新风尚、培育新农民、展示新形象）生态文明村为基础，以建设宜居农村为目标，以经济繁荣、设施完善、环境优美、文明和谐、特色显著为基本内涵，以打造名镇名村示范村为引领，推动新农村建设逐步由点到面，由局部向整体方向发展，全面提升新农村建设水平。但在具体实施过程中，存在不少问题（周春霞、帅学明，2009）。②

面对存在的问题，李海明（2009）③在分析湛江新农村建设现状的基础上提出了相关对策：坚持新农村建设的长期性，构建合理的农村公共服

---

① "'十三五'地方生态环境调查"课题组：《构建城市与产业双转型生态新干线——广东湛江生态经济发展实践调查报告》，《经济》2017 年第 2 期。

② 周春霞、帅学明：《论湛江新农村建设中面临的主要问题及对策》，《南方农村》2009 年第 1 期。

③ 李海明：《湛江新农村建设的现状及相关对策》，《湛江师范学院学报》2009 年第 4 期。

务体系，加强农村基础设施建设，坚持以农民为主。邱珉（2012）[①] 探讨了新时期湛江新农村建设的思路与重点措施。

关于湛江新农村建设的具体模式，彭桂芳（2006）[②] 认为湛江市委、市政府坚持科学发展观，以建设社会主义新农村为目标，以解决农民群众反映最迫切、最直接、最现实的问题为切入点，以"四通五改六进村"（即通路、通邮、通电、通广播电视，改厕、改路、改灶、改水、改造住房，党的政策进村、先进文化进村、科学技术进村、优良道德进村、卫生习惯进村、法制教育进村）为载体，在全市广泛开展生态文明村和特色文明村的创建活动，成效显著，为广东省新农村建设提供了非常有益的经验，成为广东省建设社会主义新农村的一面旗帜。具体经验有：立足实际，因地制宜；规划先行，规划进村；创新机制，共同推进；增加收入，夯实基础；试点引路，稳步推进；保护生态，和谐发展。

邱珉、陈仁基和刘显海（2007）[③] 通过调研，总结了湛江市发展农民专业合作经济组织的主要做法：领导重视，政府推动；培育典型，示范带动；分类指导，逐步规范；部门支持，促其发展。湛江市农民专业合作经济组织的主要模式：农民自发组办型、基层供销社转制领办型、农业龙头企业带动型、能人大户领办型、社团组织行业协会型。并分析了发展农民专业合作经济组织面临的主要问题。

二　湛江农村土地经营模式、农村剩余劳动力转移及供给侧结构性改革研究

王亚新（2015）[④] 基于实地调研，探讨了"四化同步"下湛江的农村土地经营模式：以村集体经济组织为依托的"土地综合整治模式"、以涉农企业为依托的"土地规模化经营模式"、以专业合作社为依托的"土地承包权资本化模式"、以"互联网+"理念为依托的"土地流转模式"。

① 邱珉：《新形势下社会主义新农村建设的导向及重点初探》，《南方农村》2012 年第 7 期。

② 彭桂芳：《湛江经验：破题新农村建设》，《农业经济》2006 年第 12 期。

③ 邱珉、陈仁基、刘显海：《加快发展农民专业化合作经济组织 推动现代农业迈上新台阶——湛江市农民专业化合作经济组织发展的调研与思考》，《南方农村》2007 年第 5 期。

④ 王亚新：《"四化同步"下的农村土地经营模式探索——基于广东湛江的实践》，《经济地理》2015 年第 8 期。

吴印佳（2014）[①] 分析了湛江市农村剩余劳动力转移的现状及主要特征，提出了湛江市农村剩余劳动力转移的基本对策。王亚舟和王少杰（2018）[②] 基于农业技术经理人是推动农业技术快速扩散的重要中介，在对湛江市农业技术应用领域进行调研的基础上，提出构建湛江农业技术经理人制度的设想。

周智学（2018）[③] 认为，湛江以《广东省雷州半岛现代农业规划（2016—2020 年）》为引导，在农业供给侧结构性改革方面富有成效；但存在以下问题：系统化程度低、缺乏地方特色，产品科技含量不高、生产效率低下，农产品质量不高、市场能力低，财政投入有限、经营融资难。黎祎蓉、曹胜和黄美纯等（2018）[④] 以湛江雷州市附城镇特色农产品种植为例，提出湛江要把握"一带一路"契机、探索农业发展新路。

三　湛江新农村建设进程中医疗保险的"湛江模式"探讨

"湛江模式"将商业保险引入新医改建设之中，把城镇医保和新农合合并，采取由政府主导、商业保险公司负责具体运作的创新模式。引发了文献对"湛江模式"产生的背景、具体操作模式、创新要点、不足之处、创新之处、实质和核心、实践经验等进行了多视角的探讨。

党的十六大指出，"建立健全同经济发展水平相适应的社会保障体系，是社会稳定和国家长治久安的重要保证"。建立新型的城镇职工医疗保险制度，使它与职工养老、失业等保险制度一起，形成比较完善的社会保障体系，是建立和完善社会主义市场经济体制的重要任务，是实现全面建设小康社会目标的必然要求，也是一级政权组织努力实践"立党为公、执政为民"的具体体现。[⑤]

2009 年 1 月，湛江市建立城乡居民一体化医疗保障体系，将新农合

---

① 吴印佳：《关于湛江市农村剩余劳动力转移的分析与思考》，《商》2014 年第 18 期。

② 王亚舟、王少杰：《加快构建农业技术经理人才培养体系建设研究——以广东湛江市为例》，《宝鸡文理学院学报》（社会科学版）2018 年第 5 期。

③ 周智学：《湛江市农业供给侧结构性改革问题、思路与对策》，《南方农村》2018 年第 25 期。

④ 黎祎蓉、曹胜、黄美纯等：《把握"一带一路"契机 探索农业发展新路——以湛江市雷州市附城镇特色农产品种植为例》，《江西农业》2018 年第 7 期。

⑤ 徐少华：《分类实施 规范管理——湛江市推进医疗保险制度改革的实践与体会》，《求是》2004 年第 24 期。

和城镇居民医疗保险并轨运行，并引入保险机制，委托中国人民健康保险公司经办管理，在缴费不变的情况下，将城乡居民基本医疗保险个人缴费部分的85%用于基本医疗保险支出，15%用于购买人保健康公司的大额医疗补助保险，为典型的商业保险机构经办模式。得到理论研究的普遍关注及实际应用的推广。①

傅子恒（2011）② 认为"湛江模式"的创新要点是以"政府购买"方式引入商业机构参与城乡医疗社会保障建设，其成功之处在于政府以宽广的视野与多样化手段进行宏观资源配置，找到了将"外部性"因素进行"内部化"处理的途径，在机制设计中做到了多方共赢。"湛江模式"的不足之处是保障依然较低，机制能否长久良性运行有待时间检验，需要通过引入竞争机制，培育多元市场机构主体，提高政府宏观调控职能、优化政府服务行为等制度完善方式进行改进。进一步总结了"湛江模式"三个方面的创新之处：一是参保覆盖范围实现城镇与农村"并轨"，成为全国为数不多的基本医疗保障制度城乡初步统合的城市；二是由政府主导引入商业保险机构参与社会基本医疗保障建设，医保资金实现了由政府、商业保险公司、个人"三位一体"进行统筹，在不增加个人负担的前提下，使参保者医保水平大幅提高；三是社保资金管理、使用、报销、监管实行政府 + 商业公司"联合管理"，医保资金使用与管理以及参保人报销效率得以明显提升。

季六祥（2012）③ 认为："湛江模式"的实质是，引入社保基金增值业务托管或增值再保险方式，建立微利型专业健康险增值代理制，继而尝试构建公共医疗医保协同增值服务体系，核心是实现城乡一体化的健康保障普惠模式。

曾理斌、安然和张旭升（2013）④ 总结了"湛江模式"的实践经验：

---

① 程颖：《新农合下农民的医疗保险决策和医疗服务需求研究——对"湛江模式"的思考》，《中国人口科学》2010 年（增刊）。

② 傅子恒：《医疗保障城乡"一体化"制度创新探析——"湛江模式"的成功与不足》，《保险研究》2011 年第 7 期。

③ 季六祥：《新医改区域模式与实施路径设计——以广东湛江为例》，《中国软科学》2012 年第 9 期。

④ 曾理斌、安然、张旭升：《对湛江城乡居民一体化医疗保障模式的思考》，《中国卫生经济》2013 年第 6 期。

借助商业健康保险公司的资源优势，推进城乡居民医疗保障体系的一体化；发挥商业健康保险公司的保险功能，构建多层次的医疗保障体系，放大保障效应；构建一体化管理运营平台，提升经办效率，降低医疗成本。对"湛江模式"的思考："湛江模式"的基本特点及其产生与发展的动力源泉（基于各自约束条件而产生的合作动机是"湛江模式"产生与发展的内在动力）；"湛江模式"为探索医疗保障精细化管理与规范化运营积累了经验；转变政府职能、政商分工、各司其职是"湛江模式"未来发展的关键。

温善文和李婷（2016）① 分析了"湛江模式"所取得的成效，并提出对"湛江模式"的质疑（疑违反了医保基金管理的规定及强制保险之嫌）。

四　农村体育发展、社会管理、公益文化事业及智慧农业发展研究

陈海鸥（2016）② 梳理了湛江村落体育的历史变迁、分析了湛江村落体育的主要特征、提出了新农村背景下湛江村落体育的发展方向。周春霞（2014）③ 基于问卷调查，分析了湛江农村社会管理面临的困境，提出了湛江农村社会管理创新的对策建议。李发武、康华梅和谢碧婷（2015）④ 以湛江吴川为例，探讨了新农村建设过程中公益文化事业发展的重要作用、现状及存在的问题。何金梅（2018）⑤ 分析了湛江农业存在的问题，提出了加快发展湛江智慧农业的对策：培养新型职业农民、发展休闲农业、推进农业产业集群化发展、实施乡村振兴计划。

---

① 温善文、李婷：《医保改革之新模式——"湛江模式"的保险思考》，《现代商业》2016年第7期。

② 陈海欧：《新农村建设背景下村落体育的历史变迁及发展方向》，《浙江体育科学》2016年第4期。

③ 周春霞：《湛江农村社会管理面临的困境、表现及创新对策思考——基于309名农户的问卷分析》，《南方农村》2014年第3期。

④ 李发武、康华梅和谢碧婷：《粤西新农村公益文化事业发展初探——以广东湛江吴川市为例》，《长春教育学院学报》2015年第6期。

⑤ 何金梅：《互联网时代背景下湛江智慧农业发展问题与对策研究》，《中国市场》2018年第20期。

五　实施乡村振兴战略

作为农业大市，湛江长期重视"三农"问题。2018 年 1 月出台了《湛江市乡村振兴战略实施方案（2018—2020 年）》。按照"产业兴旺、生态宜居、乡风文明、治理有效、生活富裕"要求，结合实际情况，制定了"实施资源资产盘活、三产融合发展、综合环境改善、文明乡风培育、基层治理提质、致富奔康扶助、特色乡村创建"七大行动，以推动湛江农业全面升级、农村全面进步、农民全面发展；围绕"打造体现半岛风貌、代表湛江水平的特色乡村"，规划建设和重点培育 60 个特色小镇试点，突出"特色产业、特色生态、特色民俗、特色建筑"，体现不同地域风貌和文化特征，形成一批可借鉴、可复制、可推广的成果。①

第六节　城市发展及半岛城镇化问题研究

城镇化是当代中国社会变革的主要特征之一。已有文献从城市规划、中心城市建设及"一带一路"节点城市发展、港城互动、海湾型城市建设、城市化质量、新型城镇化、城市可持续发展、城市区域发展格局等角度探讨了城镇化与半岛经济发展的互动关系。

一　湛江城市规划思想的演变

何军发（2001）② 回顾了湛江城市规划思想的演变：中华人民共和国成立后第一次城市总体规划思想（1955—1975 年）：粤西与广西南部交通枢纽、粤西政治经济及文化中心；第二次城市总体规划思想（1975—1985 年）：具有一定工业基础，有亚热带风光的清洁的社会主义港口城市；第三次城市总体规划思想（1986—2000 年）：以发展工业为中心，贸易为导向，大力发展外向型经济和第三产业，努力实现城市功能多元化，把湛江建设成为经济繁荣、布局合理、环境净美，具有热带风光的现代化海港城市；第四次城市总体规划思想（1994—2010 年）：南方重要的海港、粤西地区的中心城市，以发展钢铁和汽车工业为重点，轻工业第三产

---

① 《湛江"七大行动"开启乡村振兴新征程》，《同舟共进》2018 年第 9 期。
② 何军发：《湛江市城市规划百年回顾与城市发展》，《规划师》2001 年第 3 期。

业发达的现代化海滨城市。最新的城市总体规划思想（2011—2020）：东南沿海重要的港口城市，北部湾中心城市之一。

城市规划思想的变化，导致了湛江的城市功能定位经历了政治、经济、文化中心城市→港口城市→海港城市→海滨城市→中心城市不断变化，影响了对应时期半岛的经济发展。万向东（1994）[①] 以湛江市"大港口、大工业、大市场、大发展"的发展战略构想为出发点，根据社会学的城市区位理论，对湛江市城市建设的发展规划进行分析，得出必须建设大都市和在城市中央建立中心商业区的推论，认为只有这样，才能配合全市经济社会发展的大目标，更快更有效地实现发展的总体战略。21 世纪海上丝绸之路战略背景下湛江城市规划思路：完善城市发展定位，服务21 世纪海上丝绸之路国家战略；加强区域统筹协调，构建以湛江港为核心的区域网络；优化城市空间布局，打造港产城互动的新型都市；推进国际性产业合作平台建设，完善城市产业布局；切实保护并合理利用海上丝绸之路历史文化资源。[②]

二　区域中心城市建设及"一带一路"节点城市发展研究

赵绪福（2001）[③] 根据发展极要求提出了建设湛江市区域性中心城市的几点思考：采用不平衡发展思路，强化城市极化效应；立足地区特点，培植创新企业；注重软环境建设，增加景气（人气）指数。随着湛江钢铁、石化、造纸等重大产业项目的推进，配套产业发展加速，湛江市"三环四通"大交通格局的初步形成，湛江建设环北部湾中心城市的底气更足（黄大文、戚照，2016）。[④] 张玉梅（2017）[⑤] 探讨了湛江构建环北部湾中心城市的战略选择：构建形成环北部湾（湛江）经济区，纳入国家发展战略，主动争取国家政策；提升城市布局；集中力量发挥比较优

---

①　万向东：《建设大都市 实现大目标——对湛江市城市建设发展规划的社会学分析》，《湛江师范学院学报》1994 年第 1 期。

②　石莹怡：《21 世纪海上丝绸之路战略背景下湛江城市规划趋势和对策》，《建设科技》2016 年第 5 期。

③　赵绪福：《发展极理论与湛江区域性中心城市建设》，《湛江师范学院学报》2001 年第 5 期。

④　黄大文、戚照：《湛江打造环北部湾中心城市》，《小康》2016 年第 11 期。

⑤　张玉梅：《相对比较优势与"中心城市"发展重点选择——基于湛江构建环北部湾中心城市的思考》，《肇庆学院学报》2017 年第 3 期。

势，重点打造"三大中心城市"。汤晓龙（2016）① 探讨了湛江作为北部湾中心城市的新驱动力：新型产业化投资、新型消费业态培育和广东自贸区、"一带一路"两大政策红利。黄静茹（2018）② 提出了湛江建设北部湾中心城市对策建议：推动产业转型发展，壮大经济总量；构建对外开放新格局，扩大城市辐射力；加大科教投入，提升科技创新能力。张玉强和李政（2017）③ 探讨了湛江建设北部湾中心城市的"五位一体"建设路径：构建现代产业体系，提高中心城市建设核心竞争力；加快精神文化建设，形成中心城市建设的内在驱动力；打造立体交通网络，奠定中心城市建设的支撑力；完善组织制度，加强中心城市建设保障力；推进对外合作进程，提供中心城市建设外部推力。张帅（2017）④ 从海洋中心城市角度，通过构建区域海洋中心城市指标体系，基于熵值法，比较了北部湾区域内海洋中心城市竞争力，湛江位居第一。陈善浩、陈忠暖和蔡霞（2016）⑤ 以湛江市为例，探讨了基于区位几何要素的省域副中心城市铁路出行情况。

汤晓龙（2016）⑥⑦ 探讨了湛江作为"一带一路"节点城市的发展路径，进一步探讨了湛江创新港口城市发展模式。吴逸然（2018）⑧ 分析了发达地区城市及欠发达地区城市建设特色小镇存在的差异，进一步提出了湛江推进特色小镇建设路径：根据市情选择合适产业发展、大力推进城镇设施建设、完善相应体制机制、推进文化传承及生态环境保护。

---

① 汤晓龙：《环北部湾中心城市发展新驱动力研究——以广东湛江市为例》，《广东经济》2016 年第 10 期。

② 黄静茹：《湛江建设北部湾城市群中心城市研究》，《现代商贸工业》2018 年第 19 期。

③ 张玉强、李政：《湛江北部湾中心城市建设研究》，《合作经济与科技》2017 年第 5 期。

④ 张帅：《湛江打造北部湾海洋中心城市实证研究》，《经贸实践》2018 年第 4 期。

⑤ 陈善浩、陈忠暖和蔡霞：《基于区位几何要素的省域副中心城市铁路出行便捷性分析——以广东省湛江市为例》，《地域开发研究》2016 年第 5 期。

⑥ 汤晓龙：《"一带一路"节点城市发展路径研究——以广东湛江市为例》，《财经理论研究》2016 年第 8 期。

⑦ 汤晓龙：《创新港口城市发展模式 建设"一带一路"核心交汇点——以广东湛江为例》，《城市》2017 年第 5 期。

⑧ 吴逸然：《欠发达地区城市发展特色小城镇研究——以广东省湛江市为例》，《城市观察》2018 年第 5 期。

三　港城互动发展及海湾城市发展研究

2003 年，湛江市政府在第八次党代会和《政府工作报告》中提出坚持 "工业立市，以港兴市，城以港兴，港以城活，相得益彰" 的发展战略。白福臣和方芳（2008）[①] 认为，湛江港城互动发展正处在港城相互关联阶段，并逐步向港城集聚扩散效应阶段过渡。分析了湛江港城互动发展现状，并针对湛江港城互动发展存在的问题，提出了加快湛江港城互动发展的对策建议。周振军、万达康和张婵娟等（2018）[②] 的研究表明：湛江港已经与城市形成了港城互动的良好格局。湛江港错位发展的建议有：抓住珠三角产业转移机会，发展生态工农业；发展现代旅游农业，打造观光农业基地；集聚科研力量，打造湛江科研创新基地；加大扶持金融业的力度，打造粤西交易集聚和航运金融中心。邓迎、席芳和温广标（2018）[③] 基于加强港城协调，提出了促进粤西港口群发展的建议。

长久以来，湛江城市的发展定位都是南方美丽的滨海城市，完全忽略了湛江城市发展的自然本底和空间结构特征，因此，湛江城市特色不仅没有显现，而且还造成城市发展的盲目性和无序性。在地理、政治、城市规划和交通等多种因素作用下，湛江市城市空间布局从滨海双中心式逐步发展为环海湾多组团式格局（吴逸然，2017）[④]。张义丰、贾大猛和谭杰等（2010）[⑤] 认为：湾即是城，城也是湾；湾有城的保护，城也是湾的构成要素，这是湛江区别于其他沿海城市的重要特征。并通过空间分析，指出了湛江（城市范围）所具有的典型海湾特性及其基本的空间结构特征，认为湛江城市发展与湛江湾的存在密不可分，而湛江湾的存在又与湛江群岛的关系极为密切，湛江海湾城市最大的特点就是先有岛，再有湾，后有

---

① 白福臣、方芳：《湛江港城互动发展现状与对策探讨》，《中国集体经济》2008 年第 5 期。

② 周振军、万达康、张婵娟等：《基于关联度模型的湛江港与城市经济关系研究》，《珠江水运》2018 年第 1 期。

③ 邓迎、席芳、温广标：《加强港城协调 促进粤西港口群发展》，《中国港口》2018 年第 7 期。

④ 吴逸然：《海湾型城市空间的形成及优化——以广东省湛江市为例》，《南方论坛》2017 年第 5 期。

⑤ 张义丰、贾大猛、谭杰等：《海湾型城市定位对湛江发展的影响分析》，《自然资源学报》2010 年第 1 期。

港和城，把湛江定位为海湾型城市符合湛江城市发展的自然本底性质。进一步，就此定位对湛江城市发展可能造成的影响进行了分析，认为海湾型城市定位可以提高湛江海湾资源的禀赋，有效促进湛江城市的一体化统筹发展。同时，有助于在湛江工业大发展时期到来之际，加强海湾生态环境的保护。并就如何建设湛江海湾城市提出了一些框架性思考。

四　湛江城市化质量探讨及新型城镇化动力机制分析

周飞、刘升、陈士银（2014）[①] 分析了湛江市城市化质量的演变规律、障碍因素及其与城市化水平的协调性。在我国 14 个沿海开放城市中，湛江的城市化质量属于第三梯队，且城市化质量滞后于城市化水平（刘桂菊、吴明发和黄嘉恩，2016）[②]。王守智（2014）[③] 分析了湛江市城镇化发展中遭遇的主要阻力，进一步构建了湛江市发展新型城镇化的动力机制：制定科学规划，引领城镇化健康发展；强化产业支撑，增强城镇化的发展动力；完善城市功能，提升综合承载能力；加快特色城镇、中心城镇建设，发挥辐射带动效应；做好综合配套改革，增强城镇凝聚力；健全制度安排，消除城镇化发展的体制性障碍；增加农民收入，推动城乡一体化进程。

五　城镇化进程中的农民工及失地农民问题研究

许抄军、陈四辉和王亚新（2015）[④] 基于非正式制度，探讨了湛江农民工市民化的现状、意愿及障碍，认为与非正式制度有关的原因对农民工市民化的影响远大于正式制度（户口、社保等）的原因。李祥、张苇锟和司俊霄（2016）[⑤] 探讨了基本公共服务非均等化对湛江新生代农民工市

[①]　周飞、刘升、陈士银：《1990—2010 年湛江市城市化质量动态评价》，《现代城市研究》2014 年第 5 期。

[②]　刘桂菊、吴明发、黄嘉恩：《中国沿海开放城市的城市化质量比较研究》，《广东海洋大学学报》2016 年第 5 期。

[③]　王守智：《新型城镇化发展道路的常规阻力与动力机制构建——以广东省湛江市为例》，《三峡大学学报》（人文社会科学版）2014 年第 2 期。

[④]　许抄军、陈四辉、王亚新：《非正式制度视角的农民工市民化现状、意愿及障碍——以湛江市为例》，《经济地理》2015 年第 12 期。

[⑤]　李祥、张苇锟、司俊霄：《基本公共服务非均等化对新生代农民工市民化的影响研究——以广东湛江面板数据为例》，《甘肃广播电视大学学报》2016 年第 3 期。

民化的影响，认为新生代农民工因为城镇公共服务化日益完善，其市民化能力相对较强，则更适应城市生活和倾向于向城镇发展。渠章才（2018）① 认为失地农民被整体嵌入城市后，就成为独具特色的嵌入式社区人。在分析嵌入式社区人的社会融入制约因素基础上，提出了相应对策。

六　湛江城市可持续发展研究

从发展绿色产业、建设绿色湛江视角，周镇宏（2002）② 分析了雷州半岛五大"绿色潜能"，并提出了相应建议：依托南亚热带资源优势，建设"绿色食品之都"；农业大市与港口城市的最佳结合点——外向型绿色农业；科技兴"绿"；实施系列"绿色工程"。运用公共政策理论，白福臣和罗鹏（2008）③ 分析了湛江城市可持续发展存在的问题，并针对性地提出了采取科学规划、合理制定产业政策、加强基础设施建设、推动制度建设等城市可持续发展的政策措施。代秀龙（2017）④ 从"经营城市"的视角，基于通过市场作用和政府宏观调控实现城市资源的优化配置的建设思路，提出了实现湛江市健康可持续发展的建议。

七　基于"湛江群岛"的湛江区域发展探讨

如何有效整合区域各类要素资源，构建区域发展战略格局，推动区域社会经济的可持续发展一直是文献研究的热点。张义丰、张伟、张宏业等（2011）⑤ 通过实地调研和多方论证，在深入分析湛江市各类资源要素禀赋的基础上，首次提出了"湛江群岛"的概念，阐释了"湛江群岛"理念在推动湛江市区域社会经济发展过程中的重要意义。在此基础上，提出了基于湛江群岛的湛江市"岛湾港城"四位一体发展战略，强调通过提

① 渠章才：《嵌入式社区人的社会融入问题及对策——以湛江嵌入式社区人为例》，《内蒙古电大学刊》2018 年第 5 期。

② 周镇宏：《论发展绿色产业与建设绿色湛江》，《南方经济》2002 年第 1 期。

③ 白福臣、罗鹏：《湛江城市可持续发展的政策路径选择》，《资源开发与市场》2008 年第 11 期。

④ 代秀龙：《"经营城市"视角下城市开发建设的策略与建议——以湛江为例》，《住宅与房地产》2017 年第 8 期。

⑤ 张义丰、张伟、张宏业等：《基于"湛江群岛"的湛江区域发展格局构建》，《地理研究》2011 年第 5 期。

升岛屿、海湾、港口在湛江市社会经济发展中的战略地位,来加强湛江市港湾生态系统的保护,实现湛江港湾的统一管理,促进湛江海岛的生态协调发展。进而推动湛江市的产业一体化、海陆一体化和城乡一体化发展,最终将湛江市打造成粤西地区新的增长极。湛江城市的基础和特色就是整个城市环湾而建。湛江市极为优越的岛屿—港湾资源也是其核心竞争力之所在。

八　湛江文化软实力提升及智慧城市研究

提升文化软实力是湛江省域副中心的重要内容。陈国威和何杰(2015)[①]基于历史文物和民俗资料,从海洋文化视阈探究雷州半岛与域外社会交往史。李巧玲(2015)[②]分析了海上丝路文化在雷州半岛的传播方式及雷州文化的风格。邓康丽(2015)[③]认为:雷州文化的开拓精神促进经济快速发展,其科技文化基础为发展经济提供丰厚的人力资源,其特色文化资源推动形成湛江本土文化产业,其历史文化资源为文化旅游提供支撑;雷州文化的保守性致使市场经济发育不良,其浓厚的小农意识阻碍了人力资本的提升,其彪悍民风及不良行为文化形象制约了湛江塑造良好的投资软环境。进一步,提出了提升湛江在北部湾城市群中文化软实力的建议:推进业态创新,树立文化品牌,提升产品竞争力;加强媒介宣传,彰显湛江精神,提升文化传播力;打造旅游精品,讲好湛江故事,提升文化吸引力;夯实文化硬件设施,实施文艺精品"走出去"战略,推动文化软硬件共同发展;建立人才培养激励机制,构建文化人才队伍,打造人才集聚高地(邓康丽,2016)[④]。姜卫卫(2015)[⑤]分析了湛江6种形式

①　陈国威、何杰:《海洋文化视阈下雷州半岛与域外社会交往》,《浙江海洋学院学报》(人文科学版)2015年第6期。

②　李巧玲:《海上丝路文化在雷州的传播、影响及其开发利用》,《热带地理》2015年第5期。

③　邓康丽:《雷州文化对湛江经济发展的影响及作用机制》,《广州社会主义学院学报》2015年第1期。

④　邓康丽:《提升湛江在北部湾城市群文化软实力的思考》,《科技创业月刊》2016年第8期。

⑤　姜卫卫:《湛江茶文化的特征及其价值探讨》,《佳木斯职业学院学报》2015年第3期。

的茶文化特征及其经济价值、文化价值和社会价值。陈青松（2015）^①在分析湛江新型文化业态发展情况基础上，提出了湛江发展新兴文化业态对策。

邹潇（2018）^②探讨了湛江市智慧城市建设的主要意义：优化湛江产业结构，提高核心竞争力；有利于推动湛江绿色经济的发展，提升城市运行效率；有利于湛江引进大批高端人才。

第七节　区域合作研究

半岛区域合作涉及与珠三角地区的合作、与粤西区域的合作、与北部湾区域的合作、与经济腹地之间的合作及区域内部合作等多方面，表现在城市合作、港口合作、产业合作等具体内容。

一　区域合作与湛江经济发展研究

万向东（1996）^③从社会学角度对湛江市发展问题进行宏观分析，结论是湛江必须摆脱依附于珠江三角洲地区所处的劣势，以大西南为背景，积极迎接并参与环北部湾地区港城市群的挑战与竞争，方能充分利用自身的优势，最终实现港口发展战略的总体目标，走向现代化和国际化。湛江发展的根本出路在于：突破行政分割摆脱依附珠三角所处的劣势，迎接环北部湾港口城市群的挑战与竞争，积极参与环北部湾和西南大开发，力争成为新的增长中心。产业建设实现调整优化与规模发展，是实施港口发展战略的基础和主体内容；建设现代化的国际性港口城市是实施港口发展战略的重大步骤和综合体现。

二　湛江融入珠三角探讨

吴昌盛（2010）^④选取珠三角九市和湛江共十个城市作为研究对象，

①　陈青松：《地方政府实现新型文化业态发展突破的策略》，《江南大学学报》（人文社会科学版）2015年第6期。
②　邹潇：《北部湾城市群建设发展研究——以湛江市智慧城市为例》，《行政事业资产与财务》2018年第7期。
③　万向东：《关于湛江发展问题的社会学思考》，《湛江师范学院学报》1996年第4期。
④　吴昌盛：《湛江融入珠三角一体化的可行性分析——基于湛江与珠三角城市的创意比较》，《区域金融》2010年第1期。

研究区域经济发展差异，实证结果显示，湛江与珠三角城市经济总量绝对差异扩大，相对差异呈波动式缩小趋势，经济增长速度呈收敛性趋势，湛江经济能否融入珠三角一体化对其发展意义重大。认为：湛江在自然资源、人力资源、港口条件、产业结构等方面具有相对优势，在地缘经济关系上与珠三角城市具有互补性，省委省政府的倾斜政策也为湛江融入珠三角一体化提供了可能。湛江应立足优势，明确定位，把握有利时机积极主动融入珠三角发展。

三　雷州半岛与北部湾区域与合作研究

陈烈、彭永岸和吴唐生（1997）[1] 基于海南经济特区、广西沿海地区及越南经济发展对雷州半岛的促进和竞争，分析了雷州半岛在发展经济、参与北部湾经济圈竞争上的成就与问题，并提出了经济、社会发展战略对策。

四　半岛与经济腹地协调发展探讨

孟飞荣和高秀丽（2017）[2] 比较了环北部湾港口群内湛江港、北海港、防城港、钦州港与腹地经济耦合协调发展的时空发展变化，实证结果显示：环北部湾四地市港口与腹地经济协调发展水平存在明显差异，2010—2014 年湛江处于协调发展阶段，明显优于广西北部湾三地市。港口与腹地经济协调发展的主要影响因素是港口规模和腹地经济规模。促进港口与腹地经济协调发展的建议：整合环北部湾港口资源、扩大腹地货源、升级港口服务功能、加强集疏运系统建设、推动港口与腹地产业联动发展。

五　湛江市区域协调发展研究

孙海燕和沈静（2005）[3] 分析了湛江市区域协调发展面临的宏观背

---

① 陈烈、彭永岸、吴唐生：《北部湾经济圈发展态势与雷州半岛的战略任务和对策》，《经济地理》1997 年第 3 期。

② 孟飞荣、高秀丽：《港口与直接腹地经济耦合协调度及其影响因素研究——以环北部湾港口群为例》，《地理与地理信息科学》2017 年第 6 期。

③ 孙海燕、沈静：《区域协调发展研究——以湛江市为例》，《地域开发研究》2005 年第 1 期。

景、存在的问题、与周边地区的协调内容，提出了湛江市区域协调发展的机制：区域协调方式（合作组织、自上而下政府管理与政策协调）、区域协调组织的程序、区域协调工作的基本程序。

六　粤西港口群协调发展探讨

李俊星、俞舟和申勇锋（2018）[1] 的研究认为：推进粤西港口群协调发展是一项长期且艰巨的工作，应以全局最优为出发点，站在区域协同发展高度，做好顶层设计。从规划引领、体制改革、资源整合、信息平台、融资模式、人才支撑等方面多维并举。建议广东省及粤西各地市建立港口群协调发展管理机制，加大省级资金支持力度，优化重大项目审核程序，切实降低港口运营成本，加强专业交流和人才培训，为粤西港口群协调发展提供全面规划指引和政策支撑保障。王景敏（2017）[2] 的研究认为：在"一带一路"倡议下，北部湾各港口间的竞争更多体现在对中国—东盟进出口腹地货源的竞争，是中国—东盟进出口腹地货源的重新分配；这种竞争并不能增加北部湾港口群货运总量，尤其是国际集装箱量，反而会使港口群产生内耗、资源使用效率下降，北部湾港口群竞合发展很有必要。北部湾港口群竞合参与"一带一路"建设的优势有：港口资源丰富、货源腹地广阔，海洋经济规模优势突出，海铁联运日趋完善。

通过与国内相关区域合作，做大半岛经济体量；此外，还应开展与海上丝绸之路沿线国家交流与合作，主动走出去，融入21世纪海上丝绸之路建设。

第八节　半岛创新及经济发展战略探讨

一　创新与半岛经济发展

（一）制度创新与半岛经济发展

当区位条件、要素禀赋比较接近时，制度因素就成为制约区域经济发

---

① 李俊星、俞舟和申勇锋：《关于粤西港口群协调发展的思考》，《交通企业管理》2018年第5期。

② 王景敏：《"一带一路"倡议下北部湾港口群竞合发展问题研究》，《经济研究参考》2017年第47期。

展的主要原因之一了。牛福增（2002）①认为新经济向我们昭示了知识是造成规模报酬递增的主要因素。而知识包括制度创新知识和技术创新知识。对于经济相对落后的湛江地区来说，本身具有丰富的自然资源和深厚的历史文化积淀，应该说具有后来居上的潜在后发优势。但我们更应该重视的问题是湛江对自身后发劣势的认识。落后地区可以通过模仿发达国家或地区的技术创新知识，并将其与自身丰富的自然资源相结合而发展，但到一定限度，只有获得制度创新知识，才能将后发劣势变为后发优势，从而进入新经济生产方式。因而，湛江经济发展的关键是思想的解放和制度的创新。张玉梅（2017）②基于湛江市非公经济发展的制度障碍调查的基础上，提出了破解湛江市非公经济发展制度障碍的制度创新与政策建议。王幸福和周烨（2018）③在分析了湛江开放型经济发展所取得的成果及存在问题的基础上，提出了湛江开放型经济新体制构建的举措。

（二）自主创新与半岛经济发展

2014年的中央经济工作会议指出：从生产要素相对优势看，过去劳动力成本低是最大优势，引进技术和管理就能迅速变成生产力，现在人口老龄化日趋发展，农业富余劳动力减少，要素的规模驱动力减弱，经济增长将更多依靠人力资本质量和技术进步，必须让创新成为驱动发展新引擎。湛江作为沿海的后发地区，加强自主创新力度尤为重要。

吴泗（2011）④认为：湛江经济落后的一个重要原因就在于产业科技水平和自主创新能力相对较低，企业创新人才特别是高端人才短缺，自主知识产权存量少、名牌产品少，产品大多处于产业链的低端，科技含量低、产品质量和附加值不高，科技管理体制和政策不够完善，科技创新体系不够健全等。对于如何提高湛江自主创新能力和核心竞争力，以推动湛江经济实现跨越式发展，从科技体制机制创新、科技投入、创新人才培

① 牛福增：《广东湛江应重视本地社会经济发展中"后发优势"与"后发劣势"战略的研究》，《南方农村》2002年第1期。

② 张玉梅：《欠发达地区非公有经济发展的制度障碍与政策改善——以湛江市为例》，《佛山科学技术学院学报》（社会科学版）2017年第4期。

③ 王幸福、周烨：《支持和推动构建开放型经济新体制的若干思考——以湛江市为例》，《广东开放大学学报》2018年第4期。

④ 吴泗：《湛江提高自主创新能力的对策研究》，《科技管理研究》2011年第18期。

养、科技创新平台建设四个方面提出了相应建议。孙丽华和麦健友（2015）① 从专利发明角度，分析了湛江在利用知识产权创新中存在的问题。蓝书经、宁陵（2016）② 从投入产出视角，分析了湛江科技创新发展存在的问题。陈耀光（2006）③ 提出正确处理好"八个关系"，推动湛江经济社会转入科学发展轨道。

二　半岛经济发展战略研究

在雷州半岛不同发展时期，现有研究从不同角度、层面探讨了其发展战略。

（一）湛江早期的发展战略探讨

早在 1989 年陈小平（1989）④ 就基于湛江的区位、资源及国家级开发区优势，提出了中、近期的发展方针：以发展劳动密集型产业为轴心，结合发展知识密集与技术密集型产业建立比较完善的加工出口经济体系。积极发展轻纺、制糖、造纸、电子等加工制造业，以扩大劳动密集型产品的出口，启动湛江市外向型经济跻身国际市场，参与国际经济大循环。并相应地发展旅游、服务、劳务出口等第三产业，以争取必要的外汇资金，不断壮大经济实力、用积累的外汇和通过贷款、适当举债等方式，筹措资金，引进国外先进技术设备，有步骤地扩展知识密集型、技术密集型产业，逐步完成从劳动密集型产业，向技术密集型或资本密集型产业的过渡。之后的 1994 年，时任全国人大环保委副主任杨纪坷（1994）⑤，结合发达国家重工业发展史和我国重工业今后发展趋势设想、在全国重工业宏观布局经济中华南五省区重工业布局，提出了湛江东海岛作为粤闽赣湘桂五省区重工业基地的发展战略。

（二）湛江不同发展阶段的区域经济发展战略探讨

陈建年（1994）⑥ 分析了湛江经济发展存在的问题：经济地理位置

　　① 孙丽华、麦健友：《科技创新与粤西地区经济发展分析研究——以茂名、阳江、湛江三市专利发明为例》，《广西师范学院学报》（哲学社会科学版）2015 年第 4 期。

　　② 蓝书静、宁陵：《基于投入产出角度的湛江市科技创新发展研究》，《广东海洋大学学报》2016 年第 5 期。

　　③ 陈耀光：《着力推动湛江经济社会转入科学发展轨道》，《广东经济》2006 年第 6 期。

　　④ 陈小平：《试论湛江市发展外向型经济的条件与对策》，《人文地理》1989 年第 4 期。

　　⑤ 杨纪坷：《把湛江市发展为南方重工业基地的战略设想》，《管理世界》1994 年第 2 期。

　　⑥ 陈建年：《湛江区域经济发展与地域开发研究》，《地理学与国土研究》1994 年第 2 期。

差，远离广东区域经济"热罩"；基础薄弱，难以建立大经济；资金投放不足，投向不尽合理；受习惯思维和传统观念影响深远。并把湛江区域经济发展战略规划为三个渐进阶段：发展阶段—以建成粤西经济中心为目标；大发展阶段—以建成大港口、大工业、大经济为目标；发达阶段—以建成自由港—第二香港为目标。进一步提出湛江地域开发方式和空间组织形式—增长极点开发形式，培养五个增长极、规划五个经济区。

（三）湛江经济发展战略选择的失误及改进

陈万灵（2000）[①]认为湛江经济发展处于相对落后态势，缘于湛江经济发展战略选择不当或者出现失误，多次错失起步和发展的机会。改造传统农业，提高工业化水平，大力发展第三产业，应是湛江经济发展的基调。

（四）湛江市域经济发展战略探讨

沈静、陈烈和孙海燕（2004）[②]分析了与湛江市相关区域发展态势：环北部湾经济圈的崛起、CEPA签订后的"大珠三角"和"泛珠三角"、中国—东盟自由贸易区的建设、中国西部大开发战略的实施。进一步分析了湛江的区域地位、战略目标和战略重点。郭晋杰（2006）[③]探讨了湛江区域经济可持续发展战略：按照本身的相对优势来安排重点产业，靠发展具有增长活力的战略重点产业，把区域内部的创新产业部门作为战略发展的产业增长极；靠发展具有大规模、高效益、高集聚的工业园作为战略空间的空间增长极。张义丰、张伟、张宏业等（2011）[④]提出了基于湛江群岛的湛江市"岛湾港城"四位一体发展战略，强调通过提升岛屿、海湾、港口在湛江市社会经济发展中的战略地位，来加强湛江市港湾生态系统的保护，实现湛江港湾的统一管理，促进湛江海岛的生态协调发展。进而推动湛江市的产业一体化、海陆一体化和城乡　体化发展，最终将湛江市打

---

① 陈万灵：《湛江经济发展：理论与战略选择》，《广东经济》2000年第10期。

② 沈静、陈烈、孙海燕：《全球化背景下的湛江市域发展战略研究》，《经济地理》2004年第4期。

③ 郭晋杰：《湛江区域经济可持续发展战略研究》，《商场现代化》2006年第9期。

④ 张义丰、张伟、张宏业等：《基于"湛江群岛"的湛江区域发展格局构建》，《地理研究》2011年第5期。

造成为粤西地区新的增长极。许抄军、王亚新、张东日（2011）[①] 等基于广义梯度推移理论，比较了湛江在泛珠三角区域及粤西—北部湾区域中的相对梯度水平。提出了"东联西融、蓝色崛起"的发展战略。

（五）湛江经济跨越式发展路径探讨

闫玉科（2009）[②] 分析了湛江经济发展中存在的问题，提出了湛江各级政府应准确定位，彻底转变职能；做大做强支柱产业，积极培育战略产业；加大扶持农业龙头企业力度，提升湛江名牌、特色产品国际竞争力等实现湛江经济跨越发展的路径。

（六）湛江在中国—东盟自由贸易区中的发展战略选择

随着中国—东盟自由贸易区的成立，湛江在中国与东盟贸易，特别是广东省与东盟贸易中的地位日益凸显。杨凌（2013）[③] 通过对湛江的竞争能力进行 SWOT 分析，整合内部与外部的因素，总结出湛江在中国—东盟自由贸易区发展中的战略选择，包括建设国际化港口和国际物流中心，建立临港重化工基地，打造南海海洋资源战略开发基地，发展特色产业集群和与周边地区合作发展。

还有文献对湛江大力发展第二产业的发展思路进行了探讨。叶茂森（1995）的实证结果显示，湛江市的经济实力与广东省的平均水平及总体水平相比较，呈现出地位下降的趋势。主要是由于第二产业发展缓慢、资金投入不足、投资结构不合理、利用外资水平低、海外市场开拓不足等原因所引起的。提出了：一心一意建设好以"大港口"为特征的投资环境；加强第二产业的发展；尤其是工业的发展；做好出口商品扶持的发展思路。

第九节　结论与讨论

综上所述，关于雷州半岛经济发展，现有文献从产业结构调整与升级、海洋经济发展、旅游发展、金融支持、港口发展、新农村建设、城市

---

① 许抄军、王亚新、张东日等：《基于广义梯度理论的雷州半岛发展研究》，《经济地理》2011 年第 12 期。

② 闫玉科：《湛江经济跨越式发展路径探讨》，《广东海洋大学学报》2009 年第 2 期。

③ 杨凌：《湛江在中国—东盟自由贸易区发展中的战略选择》，《生产力研究》2013 年第 4 期。

化、区域合作、制度创新、自主创新、半岛经济发展的历史回顾、发展战略等方面对雷州半岛经济发展进行了多学科视角的探讨。已有的研究成果已经或正在对雷州半岛经济发展起促进作用。

首先，通过研究，形成了许多共识——这些共识有些已成为政湛江市政府决策的依据。例如：湛江市的"十二五"规划中，关于发展战略确定为："工业立市、港口兴市、生态建市"；关于产业体系调整为：构建现代产业体系作为主攻方向、建成以钢铁、石化、造纸为龙头的现代产业体系，建设海洋经济强市、大力发展海洋经济；关于城市定位：突出海滨城市特色、建设生态型海湾城市；关于区域合作：扩大与东盟的战略合作，加强区域合作与交流。另外，2014 年制定了《推进湛江与广西北部湾城市群一体化工作方案》，并被列入国家"一带一路"海上合作战略支点。2015 年的政府工作报告中进一步提出：更大力度抓陆海统筹，发展壮大蓝色产业；建设保税物流中心，主动融入国家"一带一路"大战略。湛江市"十三五"规划中，关于发展战略更为丰富具体：环北部湾和粤西地区中心城市、竞争力强的现代港口城市、全国海洋经济示范市、广东对接东盟的先行区、宜居宜业宜游的生态型海湾城市；关于产业发展更为务实：做大三大产业航母、改造提升传统优势产业、培育发展战略性新兴产业、加快发展现代服务业、统筹发展海洋经济；关于城市定位更加准确：宜居宜业宜游充满魅力的生态型海湾城市、环北部湾绿色生态文明城市；关于区域合作更为全面：推动湛茂阳一体化、加强与北部湾城市群合作、深化与东盟国家战略合作、全方位加强对外交流合作、积极发展开放型经济。

其次，通过文献研究，厘清了雷州半岛发展过程中存在的问题。在《湛江市国民经济和社会发展第十三个五年规划纲要》中，对这些问题进行了总结了：经济总量偏小，全市人均生产总值不到全国平均水平的七成；产业结构不合理，产业园区发展层次和水平较低；工业化水平不高，先进制造业发展基础薄弱，大项目特别是延伸产业链项目少，创新能力不强；现代立体快速交通体系亟待完善，高等级公路密度低，铁路集疏运能力低，大型深水专用码头泊位不足，民航航线偏少；城镇化水平偏低，县域经济弱小、发展不平衡；改善民生压力较大，文化、教育、卫生、养老等公共服务供给不足，法治建设存在薄弱环节，维护社会稳定任务繁重；基层组织建设有待加强等。

但现有文献研究存在以下不足：

第一，成果影响范围有限。截至 2018 年 12 月，在不完全统计的 222 篇中文期刊文献中（几乎没有搜索到相关研究主题的外文文献），一般期刊有 163 篇、占比 73.4%，核心期刊 33 篇、占比 14.9%，CSSCI（CSCD）来源期刊的只有 26 篇、占比 11.7%；文章他引次数不高，平均他引次数仅为 2.8 次；10 次及以上的只有 19 篇，最高他引次数 43 次，有 102 篇文献的他引次数为零、37 篇文献他引次数仅为 1。文献发表的期刊档次和他引次数都不高，导致成果影响范围有限。

第二，域外学者对半岛经济发展的关注度不够。相关研究人员主要来自半岛范围之内。所收集 222 篇文献的作者单位，169 篇来自雷州半岛、占比 76.1%，广东省域半岛之外地区的只有 30 篇、占比 13.5%，来自广东省域之外的 23 篇、占比 10.4%。说明雷州半岛区域之外的学者对半岛经济发展的关注度不高，特别是广东省半岛之外的学者对半岛经济发展的关注度与广东省域之外的差不多。究其原因，一方面，缘于半岛经济发展水平落后，与沿海其他地级市相比，湛江市（雷州半岛）经济体量相对不足，难以吸引研究者的目光；另一方面，广东省对雷州半岛的重视程度不够，广东省的海岸线资源和港口资源丰富，广东省委、省政府的关注重点在珠三角地区的海岸线资源及港口，这种政策上的"偏好"也导致了文献对雷州半岛的关注度弱化。

第三，域内文献出自实践工作部门的少、来自"学院派"的多。域内学者又以广东海洋大学（包括寸金学院）、岭南师范学院、广东医学院、湛江市委党校等高校的"学院派"为主，来自湛江政府部门、企事业单位的研究文献仅有 20 篇，只占域内文献的 11.8%。由于来自实践部门的研究文献少，实践部门的具体要求、想法难以得到学界的重视，"学院派"所提出的一些战略、对策也很难达到"对症下药"的效果，使得理论研究和实践工作脱节，这也是文献的他因次数偏低的原因之一。同时，也导致了相关文献中进行对策建议或战略探讨的研究多、案例或实证的研究偏少。

第四，关于雷州半岛港口群在"海丝之路"建设中的作用的研究较少。统计的 222 篇文献中，研究主题与"一带一路"有关的文献 21 篇、占比 9.5%，不能体现雷州半岛拥有"海丝之路始发古港口"、"海丝之路支点城市"的战略地位。21 世纪海上丝绸之路建设将推动我国沿海城市和港口的发展，而沿海城市和港口的发展又将进一步为 21 世纪海上丝绸之路的延伸奠定坚实的基础①。由天然深水良港、海丝之路始发古港口等组成的雷州半岛港口群，在 21 世纪海上丝绸之路建设中应发挥重要作用。

另外，从文献发表的时间上看，1988 年及以前只有 1 篇、1989—1998 年期间 13 篇、1999—2008 年 43 篇，大部分文献是在 2009—2018 年期间产生的，共有 165 篇、占到了 74.3%。随着时间的推移，雷州半岛发展问题越来越受到学界的关注。特别是 2008 年金融危机以来，半岛的经济增长速度一直处于高于广东省及全国的水平，仅 2017 年略低于全国及广东省平均水平。成为新常态下我国经济热点地区之一，引发了域内外学者的关注。

尽管雷州半岛的发展离不开珠三角辐射，但广东省的区域均衡也离不开雷州半岛发展。半岛的发展需要广东省委省政府更多的政策倾斜，也需要相关理论研究的智力支持。借助域外政策、智力支持，通过半岛域内政府及相关经济主体的努力，依托包括港口在内的海洋资源，大力发展半岛海洋经济，做大半岛的经济体量，发挥其在"海丝之路"建设中的桥头堡作用，打造成广东省域副中心是未来研究及实践的方向。

---

① 刘宗义：《21 世纪海上丝绸之路建设与我国沿海城市和港口的发展》，《城市观察》2014年第 6 期。

第三章

雷州半岛经济发展的新常态特征[①]

  2007 年始发于美国的次信贷危机，在 2008 年蔓延成世界性金融危机，随后世界经济进入了漫长复苏的"新常态"时期。"新常态"由美国太平洋基金管理公司总裁埃里安提出，是指经济增长率很低、风险非常大、失业率高企的经济状态。[②] 之后一些文献对"新常态"下未来几年我国发展的主要趋势与特征[③]、我国物流与供应链发展趋势与政策展望[④]、中国宏观调控[⑤]、宏观调控政策取向[⑥]、增长潜能[⑦]、转变经济发展方式的制度因素和路径[⑧]、影响经济转型的制约因素[⑨]等进行了相关研究。2014 年首席经济学家论坛讨论了中国经济发展新常态的背景和特点以及促改革

---

① 本部分内容根据作者发表在《岭南师范学院学报》2016 年第 1 期的论文《新常态下雷州半岛经济发展研究》修改而成，进行了数据更新，个别结论有所调整。本章所有数据（除特别说明）分别来自中华人民共和国国家统计局网站（http://www.stats.gov.cn/）、广东统计信息网（http://www.gdstats.gov.cn/）和湛江统计信息网（http://zjtj.zhanjiang.gov.cn/tjsj/）对应的 2017 年统计年鉴（2000–2016 年数据）和 2017 年统计公报（2017 年数据）整理、计算得到。年增长速度以 2017 年统计年鉴为准；年均增长速度以 1978 年为不变价计算得到（按照居民消费价格指数折算，1978＝1、2000＝4.3、2007＝4.9、2008＝5.2、2017＝6.4）。

② 林毅夫：《展望未来 20 年中国经济发展格局》，《中国流通经济》2012 年第 6 期。

③ 盛朝迅：《未来几年我国发展的主要趋势与特征》，《宏观经济管理》2014 年第 10 期。

④ 何黎明：《"新常态"下我国物流与供应链发展趋势与政策展望》，《中国流通经济》2014 年第 8 期。

⑤ 刘伟、苏剑：《"新常态"下的中国宏观调控》，《经济科学》2014 年第 4 期。

⑥ 余斌、吴振宇：《中国经济新常态与宏观调控政策取向》，《宏观经济》2014 年第 11 期。

⑦ 薄伟康：《我国经济新常态下增长潜能分析》，《东南学术》2014 年第 6 期。

⑧ 徐永德：《新常态下转变经济发展方式的制度因素和路径研究》，《探索》2014 年第 5 期。

⑨ 秦天程：《新常态下影响经济转型的制约因素分析》，《当代经济管理》2015 年第 3 期。

与稳增长之间的协调等一系列问题。① 同时，2014 年期间，国家领导人习近平多次提到"新常态"：5 月在河南考察时首次提出"适应新常态"；11 月的 APEC 会议上，首次公开阐述中国经济"新常态"的特征及机遇；12 月的中央经济工作会议提出要从 9 个方面准确把握经济发展新常态。2015 年政府工作报告指出，今年政府工作的总体要求之一就是：主动适应和引领经济发展新常态；2015 年举行的中国经济规律研究会第 25 届年会暨"中国经济新常态：特征与趋势"理论研讨会，对经济新常态的学理研究、新常态下经济改革的热点问题等进行了广泛讨论。② 之后，张国（2016）基于观念、成因和特征，对中国经济新常态的相关研究进行了综述。③ 进一步，包清临（2017）探讨了新常态下我国经济发展路径依赖的特征及成因；④ 邓睦军和龚勤林（2017）研究了区域经济新常态的空间特征与政策取向；⑤ 盛垒和权衡（2018）探讨了区域经济分化态势与经济新常态地理格局；⑥ 郭俊华、卫玲和边卫军（2018）研究了新时代新常态视角下中国产业结构转型与升级等问题。⑦

中国经济已全面进入新常态，整体宏观经济运行表现出"从高速增长转为中高速增长；经济结构不断优化升级；从要素驱动、投资驱动转向创新驱动"的新常态特点，但由于我国不同次区域⑧空间的经济发展条

---

① 专稿《新常态与稳增长——2014 年首席经济学家论坛研讨会纪要》，《新金融》2014 年第 10 期。

② 张洪梅、王金秋、李明：《中国经济新常态：特征与趋势——中国经济规律研究会第 25 届年会综述》，《当代经济研究》2015 年第 7 期。

③ 张国：《中国经济新常态研究综述——基于观念、成因和特征的研究》，《经济体制改革》2016 年第 3 期。

④ 包清临：《新常态下我国经济发展路径依赖的特征及成因》，《甘肃社会科学》2017 年第 1 期。

⑤ 邓睦军、龚勤林：《区域经济新常态的空间特征与政策取向》，《云南财经大学学报》2017 年第 4 期。

⑥ 盛垒、权衡：《区域经济分化态势与经济新常态地理格局》，《复旦学报》（社会科学版）2018 年第 3 期。

⑦ 郭俊华、卫玲、边卫军：《新时代新常态视角下中国产业结构转型与升级》，《当代经济》2018 年第 6 期。

⑧ 本书的次区域是指一国范围内按不同标准划分的空间区域。如按经济发展水平划分的东、中、西三区域，按行政区域划分的各省域空间，按地理特征划分的辽东半岛、山东半岛、雷州半岛等。

件、发展水平等差异大，其"新常态"特点会有所区别。正确认识不同次区域经济发展的阶段性特征，适应新常态，推动本区域经济持续健康发展至关重要。基于雷州半岛相关经济统计数据，分析其经济发展的新常态特征，为本研究的现实基础之一。

尽管雷州半岛经济发展水平落后，但具有后发优势。体现在 2007 年金融危机之后，其经济发展的多种指标都明显好于全国和广东省平均水平，表现出自己的"新常态"特征。以全国、广东省及雷州半岛三区域2000 年以来经济运行情况为对象，比较 2007 年金融危机前后三区域相关经济指标的变化，分析雷州半岛经济发展的特征，得到以下结论。

第一节　经济总量特征

一　GDP 及其增长速度

2017 年湛江 GDP 达到 2824.0 亿元，在广东省 21 个地级市中位居第八，比相邻的茂名市少 100 亿元，经济总量偏小。从 GDP 总量的相对数据看，2017 年湛江 GDP 仅相当于广州市的 13.1%；2000—2017 年，湛江GDP 占广东省的比重为 2.9%—3.5%，占全国的比重为 0.3%—0.4%，都略有下降趋势（如表 3-1 所示）。

表 3-1　　　　　　　2000—2017 年三区域 GDP 总量（当年价）　　　　单位：亿元，%

年份	湛江	广东省	湛江/广东	全国	湛江/全国
2000	373.8	10741.3	3.5	99066.1	0.4
2001	400.6	12039.3	3.3	109276.2	0.4
2002	425.7	13502.4	3.2	120480.4	0.4
2003	483.9	15844.6	3.1	136576.3	0.4
2004	551.7	18864.6	2.9	161415.4	0.3
2005	681.0	22557.4	3.0	185998.9	0.4
2006	805.5	26587.8	3.0	219028.5	0.4
2007	927.4	31777.0	2.9	270844.0	0.3
2008	1099.4	36796.7	3.0	321500.5	0.3
2009	1159.8	39492.5	2.9	348498.5	0.3
2010	1401.5	49036.3	2.9	411265.2	0.3

续表

年份	湛江	广东省	湛江/广东	全国	湛江/全国
2011	1717.9	53246.2	3.2	484753.2	0.4
2012	1872.1	57147.8	3.3	539116.5	0.3
2013	2070.0	62474.8	3.3	590422.4	0.4
2014	2259.0	67809.9	3.3	644791.1	0.4
2015	2380.0	72812.6	3.3	686449.6	0.3
2016	2584.4	79512.1	3.3	741140.4	0.3
2017	2824.0	89879.2	3.1	827122.0	0.3

　　尽管如此，由于雷州半岛远离珠三角，经济外向型程度比较低，受金融危机的影响较小。表现为 2007 年金融危机之后，雷州半岛的经济发展速度高于全国及广东省平均水平。2000—2017 年，雷州半岛、广东省及全国的 GDP 年均增长率比较接近，分别为 10.0%、10.7% 和 10.7%，差距在 0.7 个百分点之内。但以 2007 年金融危机作为分界点，三区域 GDP 年均增长率的差距有所分化。2000—2007 年，雷州半岛、广东省及全国的 GDP 年均增长率分别为 11.7%、14.6% 和 13.3%，雷州半岛低于广东省近 3 个百分点、低于全国 1.6 个百分点；2008—2017 年，三区域 GDP 年均增长率分别为 8.5%、7.9% 和 8.5%，半岛增长率与全国平均水平持平，但高于广东省 0.6 个百分点——即金融危机后，半岛经济增长率反超了全国及广东省平均水平，维持在高增长水平。

　　将 2000—2017 年雷州半岛 GDP 年度增长速度与广东省及全国进行比较，如表 3-2 和图 3-1 所示。金融危机之前，除 2007 年之外，半岛 GDP 对应年份的增长速度大多低于广东省平均水平，有的年份甚至低于全国平均水平。但金融危机之后，其经济增长速度尽管波动幅度较大且也有持续走低的趋势，但大部分年份维持在 10% 以上的超高速增长，且只有 2017 年的增速低于全国和广东省平均水平；而广东省和全国的平均增速则持续走低，最后调整到 7.0% 左右的中高速。

表 3-2　　　　　　　　2000—2017 年三区域 GDP 年增长率比较　　　　　单位：%

年份	湛江	广东省	全国	年份	湛江	广东省	全国
2000	7.1	11.5	8.5	2009	10.6	9.7	9.4
2001	8.3	10.5	8.3	2010	14.2	12.4	10.6

续表

年份	湛江	广东省	全国	年份	湛江	广东省	全国
2002	8.7	12.4	9.1	2011	12.8	10.0	9.5
2003	10.1	14.8	10.0	2012	9.6	8.2	7.9
2004	11.0	14.8	10.1	2013	12.0	8.5	7.8
2005	13.3	14.1	11.4	2014	10.0	7.8	7.3
2006	13.7	14.8	12.7	2015	8.5	8.0	6.9
2007	15.1	14.9	14.2	2016	7.9	7.5	6.7
2008	11.7	10.4	9.7	2017	6.8	7.5	6.9

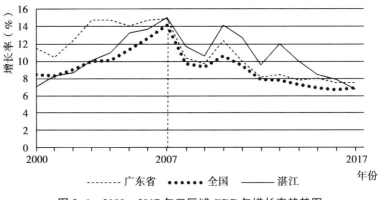

图 3-1　2000—2017 年三区域 GDP 年增长率趋势图

二　人均 GDP 及其增长速度

湛江的人均 GDP 水平比较低。2000—2017 年，湛江的人均 GDP 为广东省人均 GDP 的 40%—50%；全国人均 GDP 的 60%—80%，大部分年份低于全国人均水平的 70%，且有递减趋势（如表 3-3 所示）。

表 3-3 　　　　　　 2000—2016 年三区域人均 GDP 比较（当年价） 　　　　单位：元,%

年份	湛江	广东省	湛江/广东	全国	湛江/全国	年份	湛江	广东省	湛江/广东	全国	湛江/全国
2000	6195	12736	48.6	7942	78.0	2009	16754	39446	42.5	26222	63.9
2001	6569	13852	47.4	8717	75.4	2010	20110	44758	44.9	30876	65.1
2002	6919	15365	45.0	9506	72.8	2011	24414	50842	48.0	36403	67.1

续表

年份	湛江	广东省	湛江/广东	全国	湛江/全国	年份	湛江	广东省	湛江/广东	全国	湛江/全国
2003	7793	17798	43.8	10666	73.1	2012	26408	54171	48.7	40007	66.0
2004	8829	20876	42.3	12487	70.7	2013	28999	58833	49.3	43852	66.1
2005	10243	24647	41.6	14368	71.3	2014	31420	63469	49.5	47203	66.6
2006	11893	28534	41.7	16738	71.1	2015	32933	67503	48.8	50251	65.5
2007	13455	33272	40.4	20505	65.6	2016	35612	72787	48.9	53980	66.0
2008	15938	37638	42.3	24121	66.1	2017	38744	81089	47.8	59660	64.9

从人均 GDP 增长速度看，2000—2017 年，雷州半岛、广东省及全国的人均 GDP 年均增长率分别为 8.8%、8.9% 和 10.0%，雷州半岛人均 GDP 的年均增长速度低于全国水平 1.2 个百分点，与广东省几乎持平，差距不大。2000—2007 年，半岛、广东省及全国人均 GDP 年均增长率分别为 9.7%、12.6% 和 12.4%，半岛低于广东省 2.9 个百分点、全国 2.7 个百分点；2008—2017 年，半岛、广东省和全国人均 GDP 年均增长率分别下降到 7.9%、6.4% 和 8.1%，但半岛反超广东省 1.5 个百分点（见表 3-4）。雷州半岛人均 GDP 年均增速与广东省的比较，在金融危机前后的差距大，危机前半岛的人均 GDP 增速低于全省平均水平，危机后反超了。

三　全社会固定资产投资和财政收入增长情况

全社会固定资产投资和财政收入，不论是总量还是人均值的增长速度，2000—2017 年雷州半岛这两者的年均增长速度都是最高的；2000—2007 年是全国的年均增长速度最高，区域间增速差距不大；2008—2017 年雷州半岛的年均增长速度最高，区域间增速差距明显增加，半岛人均固定资产投资年均增长率是广东省增速的两倍多。广东省在这两个期间都是最低，反映了金融危机后雷州半岛经济增长的潜力好于全国及广东省平均水平。

由于广东省第十四届省运会于 2015 年在湛江举行，基于一些运动场馆的建设，导致金融危机之后的固定资产投资年均增速远高于广东省平均水平（如表 3-4 所示）。

表 3-4 三区域宏观部分经济指标的年均增长率 单位:%

经济指标	区域	2000—2017 年	2000—2007 年	2008—2017 年
人均 GDP	湛江	8.8	9.7	7.9
	广东	8.9	12.6	6.4
	全国	10.0	12.4	8.1
固定资产投资增长率	湛江	17.0	15.7	18.3
	广东	12.8	14.7	11.8
	全国	16.3	20.4	13.0
人均固定资产投资增长率	湛江	16.6	14.5	18.7
	广东	10.2	13.3	8.1
	全国	15.7	19.7	12.5
财政收入增长率	湛江	16.5	16.5	16.8
	广东	13.3	15.2	12.0
	全国	13.5	18.9	9.6
人均财政收入增长率	湛江	16.1	15.4	17.2
	广东	10.7	13.8	8.3
	全国	12.9	18.2	9.1

注:以 1978 年为不变价,统一按居民消费价格指数折算。

金融危机后,受国际市场需求不足的影响,我国宏观经济从高速增长转为中高速增长,成为我国宏观经济新常态特征之一。而雷州半岛在全球经济低迷的大环境中逆势而为,仍然保持了较高的经济增长速度,成为其经济"新常态"特征之一。

第二节 经济结构特征

2017 年,雷州半岛三次产业结构比为 19.8∶39.7∶40.5,第二、第三产业比重低于广东省和全国平均水平,第一产业比重远高于广东省和全国平均水平,产业结构不合理。但金融危机后,半岛产业结构有明显好转趋势。对金融危机前后半岛三次产业比重年平均变动与广东省、全国进行比较可知:金融危机前的 2000—2007 年,尽管半岛第一产业比重年平均下降了 0.9 个百分点,但第三产业比重也在下降,第二产业比重上升快,经济结构偏向工业化。金融危机后,半岛的第一、第二产业比重持续下降,第三产业比重年平均上升 1.0 个百分点;第三产业比重由 2008 年低于第二产业 11.7 个百分点，到 2017 年超出第二产业 3.8 个百分点，经济结构偏向第三产业，趋于好转（见表 3-5）。

表 3-5　　　　　　　　　　三区域三次产业比重年平均变动量　　　　　　　　单位:%

经济指标	区域	2000—2007 年	2008—2017 年
第一产业	湛江	-0.9	-0.3
	广东	-0.5	-0.1
	全国	-0.6	-0.3
第二产业	湛江	1.3	-0.7
	广东	-0.5	-0.8
	全国	0.2	-0.7
第三产业	湛江	-0.3	1.0
	广东	0	0.8
	全国	0.4	1.0

此外，金融危机后雷州半岛民营经济发展迅速，民营经济增加值由 2008 年的 492.7 亿元上升到 2017 年的 1818.2 亿元，年均增长 15.6%。民营经济的壮大提高了雷州半岛宏观经济运行的活力。2013 年以来，湛江非公经济面对外需疲软、内需不足的国内外经济环境，通过调整产业结构，推动转型升级，落实国家、省和市一系列扶持政策，有效化解了经济下行的压力，非公经济呈现稳中有进的良好态势，成为全市经济增长的重要驱动力。[①]

尽管雷州半岛是广东省的欠发达地区，但湛江市委市政府以科学发展为主题，以加快转变经济发展方式为主线，把主题、主线贯穿经济发展方式转变全过程，促进了雷州半岛产业结构优化升级，经济结构持续向好成为半岛经济"新常态"特征之一。

第三节　经济外向型特征

雷州半岛远离珠三角，经济发展水平滞后，经济外向型水平低。虽然

---

① 张玉梅：《欠发达地区非公有经济发展的制度障碍与政策改善——以湛江市为例》，《佛山科学技术学院学报》（社会科学版）2017 年第 4 期。

是第一批沿海开放城市，但外贸依存度长期低于全国平均水平。2000—2003 年仅达到了全国平均水平的 60% 左右，之后不足全国平均水平的 50%，大部分年份甚至只相当于全国平均水平的三分之一左右。与广东省平均水平相比差距更大，大部分年份不足广东省平均水平的五分之一。三区域对外贸易额和外贸依存度如表 3-6 所示。

表 3-6　　　2000—2017 年三区域对外贸易额及外贸依存度比较　　　单位：亿美元,%

年份	湛江		广东省		全国		年均汇率
	贸易额	外贸依存度	贸易额	外贸依存度	贸易额	外贸依存度	
2000	11.7	26.0	1701.1	131.4	4743.0	39.7	8.3
2001	10.9	22.6	1764.9	121.7	5096.5	38.7	8.3
2002	11.9	23.2	2210.9	135.9	6207.7	42.8	8.3
2003	19.3	33.1	2835.2	148.5	8509.9	51.7	8.3
2004	18.4	27.7	3571.3	157.1	11545.5	59.4	8.3
2005	18.3	22.0	4280.0	155.6	14219.1	62.7	8.2
2006	21.5	21.4	5272.1	158.6	17604.4	64.3	8.0
2007	25.8	21.1	6340.4	151.6	21761.8	61.1	7.6
2008	33.3	20.9	6834.9	128.2	25632.6	55.0	6.9
2009	28.2	16.5	6111.2	105.2	22075.4	42.1	6.8
2010	35.3	17.1	7849.0	108.8	29740.0	49.2	6.8
2011	44.0	16.6	9133.3	111.5	36418.6	48.8	6.5
2012	46.9	15.8	9839.5	108.5	38671.2	45.2	6.3
2013	55.1	16.5	10918.2	108.4	41589.9	43.7	6.2
2014	63.2	17.1	10765.8	96.8	43.15.3	40.7	6.1
2015	51.5	13.4	10228.0	87.1	39530.3	35.7	6.2
2016	46.1	11.8	9552.9	79.3	36855.6	32.8	6.6
2017	50.8	12.2	10022.9	75.8	40871.0	33.6	6.8

从外贸依存度的变化趋势看，进入 21 世纪以来，三不同区域都经历了先升后降的波动。广东省的波动幅度大，雷州半岛相对平稳，特别是 2009 年之后，甚至出现了一些小幅上升的年份；而广东省和全国从 2010 年之后就维持下降趋势，下降趋势比较明显（见图 3-2）。

与经济外向型有关的还有实际利用外商投资、国际旅游外汇收入等指

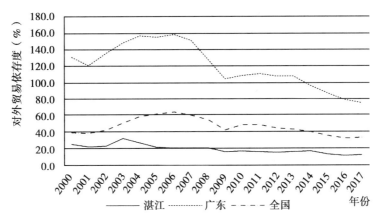

图 3-2　2000—2017 年三区域的对外贸易依存度变化趋势图

标。雷州半岛的实际利用外资的绝对量小，2017 年为 8095 万美元，不足 1 亿美元。2000—2017 年，半岛实际利用外资占广东省总量的比重不到 1%、大部分年份在 0.5% 左右；占全国利用外资总量的比重在 0.2% 左右徘徊。

表 3-7　　　　　　　　　　2000—2017 年三区域实际利用外资比较　　　　　单位：亿美元,%

年份	湛江	广东省	湛江/广东	全国	湛江/全国
2000	0.9	145.7	0.6	593.6	0.2
2001	1.0	157.6	0.6	496.7	0.2
2002	1.1	165.9	0.7	550.1	0.2
2003	1.8	189.4	1.0	561.4	0.3
2004	0.7	129.0	0.5	640.7	0.1
2005	0.4	151.7	0.3	638.1	0.1
2006	0.5	178.1	0.3	670.8	0.1
2007	1.5	196.2	0.8	783.4	0.2
2008	1.7	212.7	0.8	952.5	0.2
2009	0.3	202.9	0.1	918.0	0.03
2010	0.4	210.3	0.2	1088.2	0.04
2011	0.5	223.3	0.2	1177.0	0.04
2012	0.9	241.1	0.4	1132.9	0.1
2013	1.3	253.3	0.5	1187.2	0.1
2014	1.5	272.8	0.5	1197.1	0.1

续表

年份	湛江	广东省	湛江/广东	全国	湛江/全国
2015	1.6	270.3	0.6	1262.7	0.1
2016	0.6	234.1	0.3	1260.0	0.05
2017	0.8	—*	—	1310.0	0.1

* 《2017 年广东国民经济和社会发展统计公报》中该数据为 1383.5 亿元，增长 6.4%。但折算为美元（1 美元＝6.8 人民币）即为 203.5 亿美元，比 2016 年减少了 30.6 亿美元，为负增长。应该是异常数据。

　　由于半岛实际利用外资波动幅度大，年增长出现大起大落。从绝对量看，与 2000 年相比，2017 年减少了 0.1 亿美元，与沿海开放城市极不相符。2000—2017 年雷州半岛实际利用外资成波动变化，无明显的增加或下降趋势；全国范围的外资利用额上升趋势明显，广东省则成温和上升态势。但金融危机后，特别是经历了 2009 年 83.2% 的负增长之后，雷州半岛实际利用外资年均增长率高达 13.0%（如表 3-7 及图 3-3 所示）。

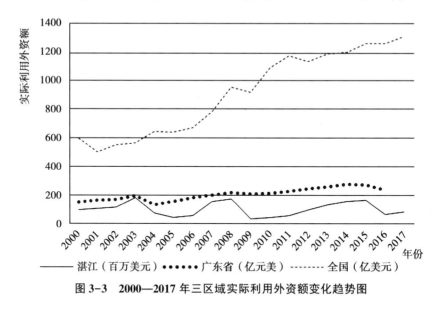

图 3-3　2000—2017 年三区域实际利用外资额变化趋势图

　　半岛的国际旅游外汇收入总量也很少，2017 年为 10760.6 万美元，广东省为 196.5 亿美元，不到广东省总量的 0.6%。但金融危机后雷州半岛国际旅游外汇收入增长迅速，2008—2017 年，年均增长 20.9%，远高于广东省的 8.8% 及全国的 13.1% 的年均增长水平。

表 3-8　　　　　2000—2017 年三区域国际旅游外汇收入比较　　单位：亿美元，%

年份	湛江	广东省	湛江/广东	全国	湛江/全国
2000	0.1	41.1	0.2	162.2	0.06
2001	0.1	44.5	0.2	177.9	0.06
2002	0.1	50.9	0.2	203.9	0.05
2003	0.1	42.7	0.2	174.1	0.06
2004	0.1	53.8	0.2	257.4	0.04
2005	0.1	64.0	0.2	293.0	0.03
2006	0.2	75.3	0.3	339.5	0.06
2007	0.2	87.0	0.2	419.2	0.05
2008	0.2	91.8	0.2	408.4	0.05
2009	0.2	100.3	0.2	396.8	0.05
2010	0.3	124.3	0.2	458.1	0.07
2011	0.4	139.1	0.3	484.6	0.08
2012	0.5	156.2	0.3	500.3	0.10
2013	0.6	162.8	0.4	516.6	0.12
2014	0.7	170.8	0.4	569.1	0.12
2015	0.7	178.8	0.4	1136.5	0.06
2016	0.9	185.8	0.5	1200.0	0.08
2017	1.1	196.5	0.6	1234.0	0.09

资料来源：广东省的数据源于《广东省统计年鉴》（2002、2009、2017）。

由于雷州半岛远离珠三角经济增长极，自身经济体量偏小，未能形成自主发展势态；导致对外资的吸引力、与域外经济交流能力不高，经济外向型偏低。而 2007 年金融危机导致了我国经济运行的外需不足，所以金融危机对半岛的影响相对较小。表现为金融危机后半岛的外贸依存度不降反微幅上升，实际利用外资和国际旅游外汇收入年增长率较高的"新常态"特征。

第四节　海洋经济发展特征

雷州半岛的海洋经济发展较快，总量持续上升，海洋经济总量长期在广东地级城市中居于首位。由 1995 年的 72 亿元增至 2016 年的 1258.5 亿元，排全省第三名①，再到 2017 年的 1546 亿元。② 在雷州半岛海洋经济中占重要地位的港口经济发展迅速，其中 2014 年港口货物吞吐量达20238 万吨，突破 2 亿吨大关，2017 年达到 28152 万吨。2000—2007 年，港口货物吞吐量年均增长率，雷州半岛、广东和全国分别为 19.1%、17.8% 和 17.5%，半岛分别高出广东省、全国 1.3 个和 1.6 个百分点；2008—2016 年③，受金融危机影响，三区域港口货物吞吐量年均增长率分别回落到 11.9%、7.1% 和 8.3%，但半岛的年均增长率仍然高出广东省4.8 个百分点、高出全国 3.6 个百分点。比较三区域港口货物的年增长率，危机前的年增长率都比较高，变动幅度大，危机后年增长率有所降低且趋于收敛。2000 年以来，半岛港口货物吞吐量年增长率整体上处于领先地位，金融危机后的优势更为明显。

表 3-8　　　　　　　2000—2017 年三区域港口货物吞吐量比较　　　　单位：万吨,%

区域	指标	2000 年	2007 年	2008 年	2016 年
湛江	货物吞吐量	2689	9165	10404	25612
	年均增长率	19.1		11.9	
广东省	货物吞吐量	25495	80282	85855	149026
	年均增长率	17.8		7.1	
全国	货物吞吐量	125603	388200	429599	810933
	年均增长率	17.5		8.3	

湛江早在 20 世纪 90 年代就提出海洋开发总体规划，现行的发展战略是"工业立市、港口兴市、生态建市"，湛江市经济发展"十二五"和"十三五"规划等都把海洋经济发展放在重要位置，但湛江海洋经济仍然处于传统及狭义海洋产业向现代及广义海洋产业过渡阶段。

尽管如此，湛江海洋经济总量提升迅速，特别是港口货物吞吐量，在钢铁、石化等重大项目的支撑下持续上升，成为雷州半岛经济"新常态"

---

① 刘兵：《我市海洋经济多项指标位列全国全省前列》，《湛江日报》2017 年 12 月 2 日。

② 陈彦、林小军：《搭建高端学术平台 打造海洋生物医药高低》，《湛江日报》2018 年 11月 23 日。

③ 2017 年全国港口货物吞吐量数据异常，故没有采用。

的又一特征。

第五节　本章小结

　　将雷州半岛的经济总量数据、经济结构数据、外向经济数据及海洋经济数据等与广东省和全国平均水平比较，得到雷州半岛经济发展的新常态特征：经济总量偏小、增长迅速；经济结构欠合理，但持续向好；外贸依存度持续低位，企稳回升；海洋经济发展势头良好，港口货物吞吐量快速提升。这是湛江打造省域副中心"新常态"下的现实基础。

第四章

湛江打造省域副中心的梯度水平及港口优势

第一节　基于广义梯度推移理论的半岛梯度水平实证研究①

一　相关研究综述

（一）梯度推移理论相关研究综述

梯度推移理论经历了传统（狭义）梯度推移理论、反梯度推移理论和广义梯度推移理论的演变，李国平和赵永超（2008）②进行了相关综述。传统梯度推移理论的理论渊源可追溯到杜能的农业圈理论和韦伯的等费用线理论，其实践基础是经济不平衡发展的现状。20世纪80年代初期，梯度推移理论被引进我国，迎合了我国改革开放初期的区域经济发展对相关理论的需求，众多学者将该理论与我国区域经济实践结合，进行了许多有益的探索。有对梯度推移理论的介绍和解读（夏禹龙、冯之浚，1982）③，也有用梯度推移理论解释中国的经济实践（周炼石，1996；孙翠兰，2006）④⑤，还有对区域发展梯度水平的定量计算（李新运、张海峰，1995）⑥等。反梯度推移理论的思想发源于匈牙利经济学家科尔内（Janos Kornai，1988）在《突进与和谐的增长》中的观点，其实践基础是

---

① 本节内容根据作者发表在《经济地理》2011年第12期的论文《基于广义梯度理论的雷州半岛发展研究》修改而来，数据进行了更新、部分结论进行了调整。

② 李国平、赵永超：《梯度理论综述》，《人文地理》2008年第1期。

③ 夏禹龙、冯之浚：《梯度理论和区域经济》，《研究与建议》1982年第8期。

④ 周炼石：《评梯度推移理论与政策在中国的实践》，《上海经济研究》1996年第5期。

⑤ 孙翠兰：《梯度理论及其在我国中部崛起战略实践中的综合应用》，《晋阳学刊》2006年第3期。

⑥ 李新运、张海峰：《山东省各市县经济社会发展水平梯度研究》，《山东师范大学学报》（自然科学版）1995年第3期。

"二战"后新兴工业国家和地区赶超发展。在我国，随着开放格局由沿海→沿江→内陆继续推进，一些沿江或交通条件优越的内陆地区，实现了经济发展的反超，为反梯度推移理论在我国的兴起提供了实践基础。继郭凡生（1984）[①] 首次提出反梯度理论之后，在湖南经济超越发展（刘茂松，2000）[②]、西部大开发（王珏、曹立，2002）[③] 等区域得到应用。

　　由"梯度推移"演变到"反梯度推移"，体现了学界对区域经济发展的思考由"静态"上升到"比较静态"的转变，但反梯度推移理论还是未能涵盖区域发展的丰富内涵。之后，李国平和许扬（2002）[④] 提出广义梯度理论，并建立了广义梯度及结构模型，李具恒和李国平（2003）[⑤]、李国平和刘静（2004）[⑥]、谢刚和李国平（2004）[⑦]、桂拉旦和李具恒（2005）[⑧]、李具恒（2006）[⑨] 等人的研究使其进一步发展。广义梯度推移理论体现了多维的思维空间和多元化的方法，也反映了不同发展水平区域间经济发展的互动性，我国区域经济的复杂性及梯度内涵的多样性为其提供了实践基础。该理论认为：广义梯度是一个以自然、经济、社会、人力、生态、制度为梯度子系统，内部结构关系极其复杂的巨型系统。各子梯度系统内部及其相互之间的各种比例关系是不同的。在广义梯度的框架体系中，任何意义上的梯度既是梯度推移方，又是接受梯度推移的一方，即梯度推移是多维双向的。该理论丰富了传统梯度理论的内涵，扩展了传统梯度理论的思维和应用空间，提高了传统梯度理论在实践中的适用范围和适应能力。之后，在我国不同次区域空间（李刚，2011；许抄军、王

---

　　① 郭凡生：《评国内技术的梯度推移规律——与何钟秀、夏禹龙老师商榷》，《科学学与科学技术管理》1984 年第 12 期。

　　② 刘茂松：《反梯度推移发展论——湖南经济超越发展的经济学思考》，湖南人民出版社 2000 年版。

　　③ 王珏、曹立：《反梯度推进理论与西部产业结构调整》，《山东社会科学》2002 年第 3 期。

　　④ 李国平、许扬：《梯度理论的发展及其意义》，《经济学家》2002 年第 4 期。

　　⑤ 李具恒、李国平：《西部开发的广义梯度推移战略》，《科学学研究》2003 年第 1 期。

　　⑥ 李国平、刘静：《中国区域梯度分布的综合评价》，《工业技术经济》2004 年第 5 期。

　　⑦ 谢刚、李国平：《广义梯度理论中梯度的解释结构模型研究》，《系统工程》2004 年第 5 期。

　　⑧ 桂拉旦、李具恒：《区域可持续和谐发展的广义梯度理论论纲》，《中国软科学》2005 年第 3 期。

　　⑨ 李具恒：《区域经济广义梯度理论内在的广义梯度推移机理研究》，《西北人口》2006 年第 6 期。

亚新、张东日等，2011）①②、乡村旅游广义梯度推进（笪玲，2012）③、我国工业生态效率区域差异（杨凯、王要武和薛维锐，2013）④ 等方面得到应用。

（二）区域次中心有关研究综述

基于增长极理论及我国区域经济不平衡发展的现状，文献还对我国不同区域范围的次中心问题给予了关注。何锦龙、洪进灯和蔡水添等（1997）⑤ 比较早地探讨了石狮市在大泉州经济区域中次中心城市建设问题，提出了以下重点措施：构建具有石狮特色的可持续发展的产业体系；建设与大泉州相衔接的市场体系；构筑与大泉州相衔接的基础设施体系；完善城市功能，融入大泉州城市群；搞好山海协作、实现优势互补，促进大泉州区域经济联动发展。进一步探讨了石狮市次中心城市建设的基本思路。之后，文献就次中心城市建设的作用、如何选择及怎样培育等问题进行探讨。

李锦章、初玉岗和周志斌（2003）⑥ 探讨了次中心城市在区域经济中的作用：可以协调主中心城市与其他城市和乡村间的极化效果，增强主中心城市与所在区域经济的再生产联系；有利于主中心城市经济实力的增强；可以与主中心及其他城市一起，构成有更强吸引能力和输出能力的城市群；可以在区域经济中产生一定的极化和带动作用。进一步，在分析全国范围各省域的次中心发展情况的基础上，探讨了次中心城市形成的条件和机制。条件包括：较高的经济发展水平；较好的产业结构，特别是较强的新兴产业；优越的区位条件；鲜明的城市特色；适宜的发展环境。机制包括：城市之间在市场机制基础上进行的竞争；上级政府的培育。杨晓波

---

① 李刚：《广义梯度理论在皖北地区经济发展实践中的应用》，《中国证券期货》2011 年第 3 期。

② 许抄军、王亚新、张东日等：《基于广义梯度理论的雷州半岛发展研究》，《经济地理》2011 年第 12 期。

③ 笪玲：《基于"广义梯度理论"的乡村旅游发展途径分析——以重庆市璧山县为例》，《南方农业学报》2012 年第 5 期。

④ 杨凯、王要武、薛维锐：《区域梯度发展模式下我国工业生态效率区域差异与对策》，《系统工程理论与实践》2013 年第 12 期。

⑤ 何锦龙、洪进灯、蔡水添等：《关于次中心城市建设的探讨——石狮市发展区域经济的思考》，《福建论坛》1997 年第 3 期。

⑥ 李锦章、初玉岗和周志斌：《次中心城市与区域经济发展》，《江汉论坛》2003 年第 2 期。

和孙继琼（2014）① 的研究认为成渝经济区中存在"中部塌陷"的现象，川南 5 市处于经济低谷的位置，为加快成渝经济区第三增长极的形成，需要推动内江和自贡两个城市的一体化建设，以发挥次中心城市的作用。

关于次中心城市的选择问题，涉及评价指标体系的构建及相关实证方法等内容。刘志广（2004）② 认为：完善的市场经济制度是国际经济中心城市形成的必要前提条件。郑治伟和孟卫东（2010）以重庆市为例，探讨了次中心的选择与发展问题，认为完善交通体系和产业体系是各次中心发展面临的共同问题。进一步，从经济发展水平、区位条件和发展环境三个方面构建了区域次级中心城市选择的综合评价体系，并以成渝经济区为例进行了实证研究。丁小燕、王福军和张伟等（2013）③ 在对次中心城市形成条件归类（自身综合实力、对周边城市的带动能力）的基础上，分别建立量化模型和综合评价模型，对河北省进行了实证研究。晏威（2016）④ 在提出次级中心城市选择综合指标体系的基础上，从系统的角度出发，基于神经网络的理论和方法构建了选择次级中心城市的方法，并以云南省为例进行了实证研究。

关于次中心城市的培育问题，涉及相关制度安排、培育路径、宏观战略思考及对策等。邓清华、朱桥（2006）⑤ 着重分析了重庆在培育次级中心城市过程中应注意改革户籍制度以加速人口向次中心城市集聚、培育良好的发展环境以完善次中心城市功能、适当调整行政区划以提高次中心城市的管理效率。王友云和陈琳（2015）⑥ 的研究认为：省际边界中心城市应准确定位产业和功能、树立系统观念、加大基础设施建设、争取政策扶持。建设路径为：树立系统观念，明确区域系统内各城市定位；加大基础设施建设，实现合理的省际边际区域空间布局；积极争取国家政策扶持，

---

①　杨晓波、孙继琼：《成渝经济区次级中心双城一体化构建——基于共生理论的视角》，《财经科学》2014 年第 4 期。

②　刘志广：《制度变迁下世界经济增长极的形成与国际经济中心城市的崛起》，《世界经济与政治》2004 年第 11 期。

③　丁小燕、王福军、张伟等：《河北省次中心城市的选择研究》，《地理与地理信息科学》2013 年第 5 期。

④　晏威：《基于 RBF 神经网络视角的区域次级中心城市选择发展研究——以云南为例》，《学术探索》2016 年第 5 期。

⑤　邓清华、朱桥：《重庆经济发展与次中心城市培育》，《重庆大学学报》2006 年第 11 期。

⑥　王友云、陈琳：《省际边界中心城市建设：定位与路径》，《开放导报》2015 年第 2 期。

推进中心城市建设。肖良武、黄臻和罗玲玲（2017）① 以黔中经济区为例，探讨了省域经济增长极选择及培育路径。张鸿星（2011）② 探讨了把上饶建设成江西省次中心城市的意义、条件及重要举措。宋小芬和阮和兴（2004）③ 在分析城市群内次中心城市发展意义的基础上，提出了肇庆发展成为珠三角次中心城市的策略：立足于城市群内合作的组合城市，加强与区域内其他城市，尤其是中心城市的竞争与合作；树立独特城市形象，搞好城市规划，精心经营城市；以市场取向改革为动力，实行市场和政府双轮驱动，增创体制机制新优势；推进城市化战略，增强城市功能集聚效应；加大招商引资力度，形成全方位开放格局。

（三）文献述评

梳理已有文献发现，梯度理论经历了"传统梯度推移""反梯度推移"到"广义梯度推移"不同阶段的发展；在这一过程中，研究者对区域内不同增长极之间关系的理解也经历了静态→比较静态→动态（相互极化）的转变，反映了区域发展的丰富内涵，为落后地区跨越式发展提供了理论支持。同时，广义梯度推移理论更能体现区域经济发展的丰富内涵，反映我国区域经济运行的现状。

关于区域次中心④的研究，文献探讨了次中心城市选择的实证手段，使用了多种实证方法；在区域次中心的培育上，完善交通基础设施是不同文献关注的焦点；完善的市场经济制度及上一级政府的政策支持是区域次中心发展的制度保障。相关对策的探讨将为湛江建设省域副中心城市提供借鉴。

另外，无论是梯度推移，还是次中心城市的发展，都是区域不平衡发展或增长极化的具体体现。区域主中心或次中心的出现是区域增长极化的体现；当一个区域出现主中心后，又发展演变出一个或多个次中心，则是梯度推移的体现；进一步，中心和次中心之间以及其他节点之间，又会相互影响、相互渗透，体现了广义梯度推移。

基于广义梯度理论或次中心城市发展理论，从打造粤西地区省域副中

① 肖良武、黄臻、罗玲玲：《省域经济增长极选择及培育路径研究》，《经济问题》2017 年第 5 期。

② 张鸿星：《把上饶建设成江西省次中心城市的思考》，《求实》2011 年第 6 期。

③ 宋小芬、阮和兴：《城市群内次中心城市的发展研究——以肇庆为例进行分析》，《特区经济》2004 年第 8 期。

④ 这里的次中心与本书的副中心具有等同的区域地位。

心城市的角度来探讨湛江（雷州半岛）发展的相关文献很少。以下，基于广义梯度理论，探讨湛江在不同区域范围的相对梯度水平，作为研究湛江打造省域副中心的理论基础。

二　数据来源说明

借鉴已有文献（李国平、刘静，2004），遵循客观性、全面性、可比性及数据可获得性原则，选取《中国城市统计年鉴》中1988年、1998年、2008年和2016年4个年份的截面数据（各对应后一年的统计年鉴），构成表4-1、4-2、4-3所示的指标体系。其中二级指标（子梯度）5个，涵盖了自然资源、经济发展、社会发展、人力资源、生态环境等诸多因素。2016年和2008年拟选定28个三级指标，其中经济发展子梯度包含8个三级指标，其余四个子梯度各包含5个三级指标，具体指标构成和指标解释如表4-1所示。1998年和1988年拟选定27个三级指标，但具体的指标也有所差异，如表4-2、4-3所示。由于《中国城市统计年鉴》中的统计指标随着我国社会经济体制变革在不断调整，前后期指标构成数差异大，且前期调整大，拟选定指标体系在进行主成分分析时，效果不一定好；最后的指标构成待对原始指标体系进行 KMO 和 Bartlett 检测之后再确定。

表 4-1　　2016 年、2008 年城市广义梯度水平评价指标体系

一级指标	二级指标	三级指标	指标解释
梯度分布综合指数	自然资源子梯度分布	人均建成区面积（F1）	土地资源利用程度
		人均行政土地面积（F2）	土地资源保障程度
		电力、燃气及水的生产和供应行业每万人从业人数（F3）	电力、燃气及水的生产和供应
		人均水运货运量（F4）	港口运输能力、区位条件
		人均民用航空货邮运量（F5）	
	经济发展子梯度分布	地区生产总值增长率（F6）	经济发展速度
		人均 GDP（F7）	经济发展水平
		人均公共财政收入（F8）	经济实力和基础
		人均固定资产投资（F9）	
		非农产业比重（F10）	产业结构
		每平方公里 GDP 产值（F11）	经济密度
		规模（限额）以上外资工业产值（含港澳台、万元）占工业总产值的比重（F12）	经济外向度
		人均当年实际使用外资额（F13）	

一级指标	二级指标	三级指标	指标解释
梯度分布综合指数	社会发展子梯度分布	每万人公共图书馆藏书（F14）	知识化水平
		每万人病床位数（F15）	医疗水平
		每万人互联网宽带接入用户数（F16）	信息化水平
		在岗职工平均工资（F17）	收入水平
		卫生、社会保障和社会福利业每万人从业人数（F18）	社会福利水平
	人力资源子梯度分布	人均公共财政科学技术支出（F19）	科技投入水平
		人均公共财政教育支出（F20）	教育投入水平
		每万人中等职业技术学校在校学生数（F21）	中级人才发展水平
		每万人普通高等学校在校学生数（F22）	高级人才发展水平
		科学研究、技术服务和地质勘查业每万人从业人数（F23）	实用人才发展水平
	生态环境子梯度分布	工业固体废物综合利用率（F24）	固体废物处理能力
		人均绿地面积（F25）	人均绿地面积
		污水处理厂集中处理率（F26）	废水处理能力
		工业烟尘排放达标率（F27）	废气处理能力
		建成区绿化覆盖率（F28）	绿化水平

由于《中国城市统计年鉴》在 2009—2017 年的指标变更相对稳定，所以 2008 年、2016 年两个年份所选取的指标构成是一样的。在 2008 年、2016 年的指标选取时，尽管研究对象都是沿海城市，具备比较完善的公路、铁路和海洋运输系统，但拥有港口（海洋运输能力）和航运就意味着相对优越的区位条件，故用"人均水运货运量"和"人均民用航空货邮运量"来近似代替"区位优势"；《中国城市统计年鉴》中没有能源、水的生产与供应指标，研究中用这些行业的从业人员来代替。同样，由于没有对外贸易数据，我们用"规模（限额），以上外资工业产值（含港澳台、万元）占工业总产值的比重"代替"对外贸易依存度"。

关于数据的范围，其中人均水运货运量、人均民用航空货邮运量、工业固体废物综合利用率、工业烟尘排放达标率、污水处理厂集中处理率 5 个指标是全市数据，其余都是市辖区数据；人口数据是市辖区年平均人口。

表 4-2　　　　　　　　1998 年城市广义梯度水平评价指标体系

一级指标	二级指标	三级指标	指标解释
梯度分布综合指数	自然资源子梯度分布	人均建成区面积（F1）	土地资源利用程度
		人均行政土地面积（F2）	土地资源保障程度
		电力、燃气及水的生产和供应行业每万人从业人数（F3）	电力、燃气及水的生产和供应
		人均水运货运量（F4）	港口运能力、区位条件
		人均耕地面积（F5）	土地利用潜力
	经济发展子梯度分布	地区生产总值增长率（F6）	经济发展速度
		人均 GDP（F7）	经济发展水平
		人均地方财政一般预算内收入（F8）	经济实力和基础
		人均固定资产投资（F9）	
		非农产业比重（F10）	产业结构
		单位面积产值（F11）	经济密度
		人均当年实际使用外资额（F12）	经济外向度
	社会发展子梯度分布	每万人公共图书馆藏书（F13）	知识化水平
		每万人病床位数（F14）	医疗水平
		每万人拥有电话机数（F15）	信息化水平
		在岗职工平均工资（F16）	收入水平
		卫生、社会保障和社会福利业每万人从业人数（F17）	社会福利水平
	人力资源子梯度分布	人均地方财政科学技术支出（F18）	科技投入水平
		人均地方财政教育支出（F19）	教育投入水平
		每万人普通中学在校学生数（F20）	中级人才发展水平
		每万人普通高等学校在校学生数（F21）	高级人才发展水平
		科学研究、技术服务和地质勘查业每万人从业人数（F22）	实用人才发展水平
	生态环境子梯度分布	建成区环境噪声达标率（F23）	环境噪声控制水平
		人均绿地面积（F24）	人均绿地面积
		工业废水排放达标率（F25）	废水处理能力
		每平方公里二氧化硫排放量（F26）	废气处理能力
		建成区绿化覆盖率（F27）	绿化水平

与 2016 年和 2008 年的指标体系相比，1998 年的指标体系中经济发展子梯度少了 1 个三级指标"规模以上外资工业产值（含港澳台、万元）

占工业总产值的比重", 三级指标总数为 27 个; 其他子梯度的三级指标数没有变, 但具体指标有所调整。自然资源子梯度中增加了"人均耕地面积", 减少了"人均民用航空货邮运量"; 社会发展子梯度中用"每万人拥有电话机数"替换了"每万人互联网宽带接入用户数"; 人力资源子梯度中有两个指标的名称变更了 (内涵没变), 用"每万人普通中学在校学生数"替代了"每万人中等职业技术学校在校学生数"; 变化最大的是生态环境子梯度, 增加了"建成区环境噪声达标率""工业废水排放达标率"和"每平方公里二氧化硫排放量", 减少了"工业固体废物综合利用率""污水处理厂集中处理率"和"工业烟尘处理率"。

表 4-3   1988 年城市广义梯度水平评价指标体系

一级指标	二级指标	三级指标	指标解释
梯度分布综合指数	自然资源子梯度分布	人均建成区面积 (F1)	土地资源利用程度
		人均行政土地面积 (F2)	土地资源保障程度
		人均耕地面积 (F3)	土地利用潜力
		人均水运货运量 (F4)	港口运输能力、区位条件
		人均邮电业务量 (F5)	
	经济发展子梯度分布	地区生产总值增长率 (F6)	经济发展速度
		人均 GDP (F7)	经济发展水平
		人均地方财政一般预算内收入 (F8)	经济实力和基础
		人均固定资产投资 (F9)	
		非农产业比重 (F10)	产业结构
		单位面积产值 (F11)	经济密度
		人均外贸系统出口总额 (F12)	经济外向度
		人均当年实际使用外资额 (F13)	
	社会发展子梯度分布	每万人拥有医生数 (F14)	医疗水平
		每万人病床位数 (F15)	
		每万人拥有电话机数 (F16)	信息化水平
		在岗职工平均工资 (F17)	收入水平
	人力资源子梯度分布	每万人自然科学方面的人员 (F18)	人力资源结构
		脑力劳动者占全部社会劳动者比重 (F19)	
		第三产业从业人员比重 (F20)	
		每万人成人高等学校在校学生数 (F21)	中级人才发展水平
		每万人普通高等学校在校学生数 (F22)	高级人才发展水平

续表

一级指标	二级指标	三级指标	指标解释
梯度分布综合指数	生态环境子梯度分布	人均铺装道路面积（F23）	城市人居环境情况
		人均绿地面积（F24）	人均绿地面积
		每万元国内生产总值耗水（F25）	水消耗情况
		每万元国内生产总值耗电（F26）	能源消耗情况
		建成区绿化覆盖率（F27）	绿化水平

　　与1998年相比，1988年指标体系中三级指标总数没有变，但各子梯度指标构成数有所调整：经济发展子梯度增加了"人均外贸系统出口总额"；社会发展子梯度减少了"卫生、社会保障和社会福利业每万人从业人数"；自然资源子梯度中增加了"人均邮电业务量"，减少了"电力、燃气及水的生产和供应行业每万人从业人数"；人力资源子梯度中增加了"每万人自然科学方面的人员""脑力劳动者占全部社会劳动者比重""第三产业从业人员比重"和"每万人成人高等学校在校学生数"4个指标，减少了"人均地方财政科学技术支出""人均地方财政教育支出""每万人普通中学在校学生数"和"科学研究、技术服务和地质勘查业每万人从业人数"4个指标；生态环境子梯度中增加了"人均铺装道路面积""每万元国内生产总值耗水"和"每万元国内生产总值耗电"3个指标，减少了"建成区环境噪声达标率""工业废水排放达标率"和"每平方公里二氧化硫排放量"3个指标。

三　数据处理

　　根据系统工程理论和多元统计方法，把上述原始指标拟合为一个综合指标（城市梯度水平），即对原始数据进行综合测度，并将湛江的梯度水平与研究区域内其他城市进行比较，分析湛江打造粤西地区省域副中心城市的现有基础。因为主成分分析不但能浓缩原始变量的信息，而且还具有使多指标体系降维的功能，故利用主成分分析对原始数据进行处理。

　　（一）负向数据处理

　　1998年的"每平方公里二氧化硫排放量"和1988年的"每万元国内生产总值耗水""每万元国内生产总值耗电"3个指标是负向数据，其余都是正向数据。因为涉及对样本城市计算综合梯度水平并排名比较，故对负向指标按照下面公式进行正向处理。

$$X_i' = \frac{X_{max} - X_i}{X_{max} - X_{min}}$$

其中 X_i 和 X_i' 分别为原始指标和正向化之后的指标，X_{max} 和 X_{min} 分别为对应指标中的最大值和最小值。

（二）初始数据的 KMO 检测

进一步对初始数据是否适合主成分分析进行检测。对 2016 年的 28 个指标进行 KMO 和 Bartlett 检测显示，对应值分别为 0.67 和 0，勉强适合主成分分析，但设定特征值大于 1 时要提取 7 个因子，且 7 个因子的累计方差贡献率仅为 76.3%，主成分分析的效果不理想。为提升主成分分析的效果，把按照特征根大于 1 提取特征根时的共同度最小的指标删去，再进行检测，经多次检测、调整，在删去了 8 个原始指标后①，KMO 和 Bartlett 检测值分别为 0.77 和 0，按照特征根大于 1 提取 5 个因子的累计方差贡献率仅为 80.25%。经筛选后数据适合主成分分析。按照以上方法依次对其他 3 个年份的数据经过检测、筛选之后再进行主成分分析。

（三）主成分个数的确定

主成分分析的任务之一是确定主成分的个数。为和前面指标体系中的子梯度对应，我们提取 5 个因子（按照主成分法提取），并把 5 个主成分分别命名为经济发展子梯度、社会发展子梯度、人力资源子梯度、自然资源子梯度和生态环境子梯度（但每年的顺序会有所变化）。将湛江各子梯度水平与区域内的其他城市进行对比，分析存在的问题。主成分分析的另一任务是计算主成分，可由 SPSS20.0 软件完成。

历年各主成分对应的特征值、累计百分比、KMO 值如表 4-4 所示，各年的 Bartlett 检测值都为 0，检测显示样本数据可以进行主成分分析。

表 4-4　　　　　　　　　　　历年各主成分对应的特征值

年份	2016	2008	1998	1988
第一特征值	5.089	8.319	5.711	7.683
第二特征值	4.140	2.313	3.401	3.960

① 2016 年删去了第 2、4、6、10、12、22、26、28 共 8 个指标（2008 年也同样删去了这 8 个指标）。1998 年删去了第 2、6、10、20、23、25 共 6 个指标；1988 年删去了第 2、4、10、17、25、26 共 6 个指标。

续表

年份	2016	2008	1998	1988
第三特征值	2.910	1.890	2.566	2.129
第四特征值	2.490	1.853	1.910	1.712
第五特征值	1.421	1.526	1.416	1.704
累积百分比	80.25	79.50	78.96	81.85
KMO 值	0.77	0.80	0.79	0.73

（四）综合得分（城市梯度水平）的计算

在进行主成分分析时将得到因子得分，按特征值将各因子加权得到综合得分——作为各城市的梯度水平，如本章附表1所示。

四　结果分析

（一）综合梯度水平分析

1. 湛江（雷州半岛）在全国沿海发展轴线的相对梯度水平

附表1是沿海发展轴线上各地级及以上城市历年梯度水平及排名情况。因为不同年份指标选择有所区别，故同一城市不同年份的梯度水平没有可比性，但其梯度的变化可以从排名的变化得到说明。

为直观，我们用图表示同一年份沿海发展轴线不同城市的梯度水平，如图4-1、4-2、4-3、4-4所示。

我国正在经历快速的城市化进程，地级市处于不断调整中，防城港、揭阳、宁德、葫芦岛、滨州等先后升级为地级市，引起了研究期间样本城市的变动。1988年样本城市49个、1998年51个、2008年和2016年各有53个。

通过图形可以直观显示，改革开放40多年来，深圳一直保持第一位的梯度优势，成为我国乃至世界城市发展的典范。

同时，经过改革开放40多年来的发展，我国沿海轴线上形成了京津塘、长三角和珠三角等比较成熟的城市群，对应城市的梯度水平较高，是沿海轴线上的高梯度区域，成为全国区域范围的经济增长极。其他城市的梯度水平相对较低，是沿海轴线上的低梯度区域、塌陷区，需要接受高梯度区域的经济辐射。

从历年梯度水平的相对排名看，三城市群中核心城市（深圳、广州、

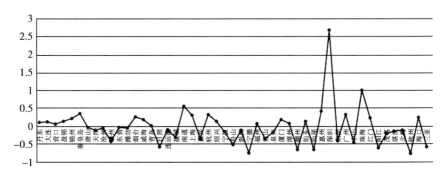

图4-1　1988 年沿海发展轴线地级及以上城市梯度水平

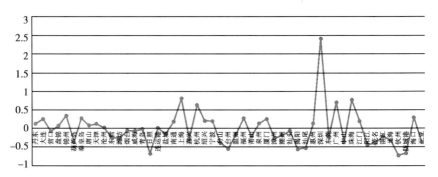

图4-2　1998 年沿海发展轴线地级及以上城市梯度水平

上海、杭州、天津等）的梯度水平都在前 10 名之内，而湛江（雷州半岛）所处的北部湾城市排名大多在 30 名开外。湛江在 1988 年、1998 年、2008 年及 2016 年的梯度水平排名依次为第 32、第 33、第 32、第 41 位，前期比较稳定，后期的排名有所下降。

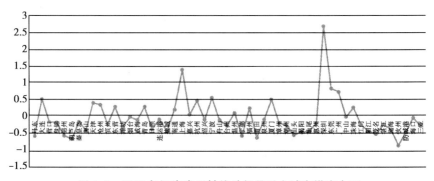

图4-3　2008 年沿海发展轴线地级及以上城市梯度水平

从图4-4可以看出，我国沿海轴线最北端和最南端的城市梯度水平低下，特别是北部湾区域的城市群，其港口条件及自然资源条件优越，但发展水平不理想，影响了我国沿海轴线整体辐射水平的发挥。同时，北部湾城市群作为中国—东盟自由贸易区的前沿，拥有"海丝之路"支点城市，城市梯度水平整体较低，区位优势难以发挥。

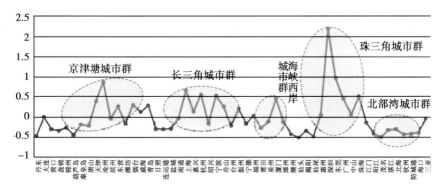

图4-4　2016年沿海发展轴线地级及以上城市梯度水平

另外，在我国沿海轴线上包含了19个开放城市①，湛江是其中之一。为便于比较湛江市在沿海开放城市中的相对发展水平，我们把19个沿海开放城市的梯度水平重新排名，得到表4-5所示的数据。表中排名数据显示，在沿海19个开放城市中，湛江的梯度水平在倒数第2位、第3位之间，长期处于垫底水平，与拥有天然深水港口的开放城市地位不符，在区域经济发展中没有起到沿海开放城市的带动作用。

表 4-5　　　　　　　　　沿海开放城市梯度水平及排名比较

城市名	2016 年		2008 年		1998 年		1988 年	
	得分	排名	得分	排名	得分	排名	得分	排名
大连	0	13	0.55	5	0.26	7	0.13	11
秦皇岛	-0.19	15	-0.12	16	0.28	5	0.37	4
天津	0.39	7	0.43	7	0.13	11	-0.1	15
烟台	0.3	8	0.02	13	-0.05	14	0.27	7

---

① 包括最早的4个经济特区：深圳、厦门、汕头和珠海，1984年开放的14个开放城市：大连、秦皇岛、天津、烟台、青岛、连云港、南通、上海、宁波、温州、福州、广州、湛江、北海以及1985年开放的威海。

续表

城市名	2016 年		2008 年		1998 年		1988 年	
	得分	排名	得分	排名	得分	排名	得分	排名
威海	0.12	11	-0.07	15	-0.06	15	0.2	8
青岛	0.29	9	0.32	8	-0.01	13	0.02	13
连云港	-0.31	16	-0.05	14	0.02	12	-0.08	14
南通	-0.04	14	0.24	11	0.19	10	0.56	3
上海	0.66	2	1.42	2	0.81	2	0.32	6
宁波	0.53	3	0.59	4	0.2	9	-0.14	19
温州	0.21	10	0.14	12	-0.15	17	-0.1	16
福州	0.03	12	0.28	10	0.28	6	0.08	12
厦门	0.45	5	0.54	6	0.26	8	0.19	9
汕头	-0.52	19	-0.52	19	-0.06	16	0.15	10
深圳	2.19	1	2.71	1	2.42	1	2.69	1
广州	0.45	6	0.76	3	0.7	4	0.34	5
珠海	0.51	4	0.3	9	0.77	3	1.01	2
湛江	-0.33	18	-0.2	17	-0.21	18	-0.13	18
北海	-0.31	17	-0.35	18	-0.31	19	-0.1	17

2. 湛江（雷州半岛）在广东省沿海发展轴线的相对梯度水平

为顺应全球经济向海洋发展总体趋势，统筹规划建设广东沿海经济带，把海洋资源优势与产业转型升级和开放型经济发展需要紧密结合起来，以沿海经济的先行发展带动海陆融合发展；打造"一带一路"的建设枢纽，优化海洋产业结构、提升海洋资源开发和海洋资源要素全球配置能力，2017 年 10 月 27 日，广东省人民政府印发了《广东沿海经济带综合发展规划》（2017—2030 年）（粤府〔2017〕119 号）（以下简称《规划》），《规划》指出，要发挥湛江作为省域副中心城市的带头作用：建设全国海洋经济示范市、21 世纪海上丝绸之路战略支点、粤西地区和北部湾地区中心城市、现代港口城市、重化产业基地。该《规划》指出，广东省沿海轴线上的 14 个地级及以上城市，要形成"一心两极双支点"发展总体格局：以珠三角沿海城市为核心，作为沿海经济带发展中心区和主引擎，重点发挥辐射带动作用，引领沿海经济带整体发展；汕潮揭城市群和湛茂都市区加快发展，要打造东西两翼沿海经济增长极；汕尾、阳江是珠三角辐射粤东粤西的战略支点。

表 4-6 是广东省沿海轴线城市梯度水平及排名比较。数据显示，湛江的梯度水平排名在第 7 位和第 8 位之间变动，基本位于中间位置。除珠三角 7 个沿海城市外，湛江的梯度水平高于粤东和粤西其他沿海城市，为其作为省域副中心的定位奠定了基础。特别是与相同区域地位的粤东城市汕头相比，前期湛江和汕头的相对排名比较接近，湛江略微靠后，后期湛江的排名有大的提升。1988 年和 1998 年，汕头的排名都是第 6 位、湛江分别是第 7 位和第 8 位；2008 年和 2016 年，汕头的排名下降到第 14 位，湛江的排名几乎没有变动，分别是第 7 位和第 8 位。

表 4-6　　　　　　广东省沿海轴线各市梯度水平及排名比较

城市名	2016 年		2008 年		1998 年		1988 年	
	得分	排名	得分	排名	得分	排名	得分	排名
潮州	-0.43	11	-0.24	9	-0.18	7	-0.64	12
汕头	-0.52	14	-0.52	14	-0.06	6	0.15	6
揭阳	-0.35	9	-0.43	12	-0.55	14	—	—
汕尾	-0.49	12	-0.4	10	-0.52	13	-0.64	13
惠州	0.05	6	-0.17	6	0.14	5	0.42	3
深圳	2.19	1	2.71	1	2.42	1	2.69	1
东莞	0.96	2	0.86	2	-0.23	9	-0.4	9
广州	0.45	4	0.76	3	0.7	3	0.34	4
中山	0.06	5	0.02	5	-0.36	10	-0.44	10
珠海	0.51	3	0.3	4	0.77	2	1.01	2
江门	-0.14	7	-0.21	8	0.2	4	0.24	5
阳江	-0.42	10	-0.41	11	-0.43	12	-0.59	11
茂名	-0.51	13	-0.49	13	-0.39	11	-0.19	8
湛江	-0.33	8	-0.2	7	-0.21	8	-0.13	7

3. 湛江（雷州半岛）在北部湾沿海城市中的相对梯度水平

为培育发展北部湾城市群，发挥其东承西联、沿海沿边的独特区位优势，深化中国—东盟战略合作，促进 21 世纪海上丝绸之路和丝绸之路经济带的战略互动，拓展区域发展新空间，促进东中西部地区协调发展，推进海洋生态文明建设，维护国家安全，2017 年 2 月 10 日，国家发展和改革委员会、住房和城乡建设部印发了《北部湾城市群发展规划》（2017—2030年）（发改规划〔2017〕277号）（以下简称《规划》）。该《规划》指出：北部湾城市群要彰显湾区特色，强化南宁核心辐射带动作用，夯实湛江、海口的支撑基础，重点建设环湾滨海地区和南北钦防、湛茂阳城镇发展轴，提升国土空间利用效率和开发品质，打造"一湾双轴、一核两极"的城市群框架。"一湾"，指以北海、湛江、海口等城市为支撑的环北部湾沿海地区，并延伸至近海海域；"双轴"，指南北钦防、湛茂阳城镇发展轴；"一核"，指南宁核心城市；"两极"，指以海口和湛江为中心的两个增长极。湛江被定位为北部湾中心城市之一。

　　表4-7是北部湾沿海城市梯度水平及排名比较情况，数据显示，在北部湾沿海城市中，湛江的梯度水平相对排名长期在第2位，比较稳定。相对于排名第1的海口或北海，湛江市的经济总量大、钢铁和石化产业体系基本建立；而海口尽管是海南省的省会城市，但受制于琼州海峡的天然阻隔及产业结构的影响，其在北部湾沿海城市群中的带动作用有待进一步提升。

表4-7　　　　　　　　　　北部湾沿海城市梯度水平及排名比较

城市名	2016年		2008年		1998年		1988年	
	得分	排名	得分	排名	得分	排名	得分	排名
阳江	-0.42	4	-0.41	4	-0.43	5	-0.59	5
茂名	-0.51	7	-0.49	6	-0.39	4	-0.19	4
湛江	-0.33	2	-0.2	2	-0.21	2	-0.13	3
北海	-0.31	1	-0.35	3	-0.31	3	-0.1	2
钦州	-0.44	6	-0.83	7	-0.72	7	-0.75	6
防城港	-0.42	5	-0.44	5	-0.66	6	—	—
海口	-0.4	3	-0.01	1	0.3	1	0.26	1

（二）各子梯度水平比较

　　我们将5个主成分得分按照旋转成分系数进行命名，近似对应各子梯度①，并按大小进行排名。为简洁计，我们只比较不同区域范围湛江各子

---

　　① 不一定一一对应。例如表4-8中的自然资源子梯度，不仅包含了自然资源方面的指标，还有其他方面的指标，但自然资源指标对应的旋转成分系数会相对高一些。

梯度的排名情况，进一步和对应年份的综合梯度水平比较。表4-8是湛江（雷州半岛）各子梯度在全国沿海发展轴线上相对排名数据。

表4-8　　　　　　　湛江5个子梯度在全国发展轴线上的排名比较

	2016年		2008年		1998年		1988年	
	得分	排名	得分	排名	得分	排名	得分	排名
自然资源子梯度	0.01	23	0.32	28	-0.73	41	0.09	20
经济发展子梯度	-0.73	52	-0.26	29	-0.43	35	-0.43	35
社会发展子梯度	-0.26	35	-0.83	48	-0.75	43	-0.17	27
人力资源子梯度	-0.14	28	-0.11	27	0.51	13	-0.02	21
生态环境子梯度	-0.31	39	0.13	27	0.67	10	0.93	6
综合梯度水平	-0.33	41	-0.20	32	-0.21	32	-0.13	32

表4-8中的数据表明，与综合梯度水平相比，大部分子梯度排名有靠前趋势，说明在全国沿海轴线上，尽管湛江的综合梯度水平排名靠后，但子梯度有排名靠前的，例如2016年的自然资源子梯度和人力资源子梯度比综合梯度水平排名各自提前了18名和13名，特别是在1988年和1998年，湛江的生态环境子梯度分别排在了第6位和第10位。从实证角度也验证了梯度推移是多维双向性。

五　实证结论

综合上述实证分析，我们得到以下结论：从综合梯度水平看，在全国沿海轴线上，湛江所处的北部湾沿海区域属于塌陷区域，综合梯度水平低；在广东省沿海轴线上，湛江的梯度水平居中，属于次高梯度区域；北部湾沿海城市中，湛江的梯度水平相对较高，是塌陷区域中的高梯度区域；作为广东省沿海经济带的次高梯度区域、北部湾沿海经济区域的高梯度区域，湛江具备成为广东省域副中心、北部湾沿海区域中心城市的基础条件；湛江远离珠三角核心区，受其极化作用小，为其成为区域副中心准备了空间条件，带动本区域实现经济起飞。从子梯度水平看，尽管湛江的综合梯度水平低，但其生态环境子梯度、自然资源子梯度、人力资源子梯度相对较高，有时甚至超过相邻经济中心的广州等地，初步形成了与经济中心相互推移的互动局面：经济发展方面接受珠三角区域的辐射，但生态环境、自然资源方面却可以辐射珠三角经济发达区域。这正是广义梯度推移理论的核心体现。

第二节　基于共轭模型的湛江要素流动与区域副中心的形成[①]

2008 年国际金融危机已经过去了 10 年，但世界经济仍然深受其影响，处于低迷运行状态。在总体经济缓慢复苏的过程中，既有的世界格局面临着各区域发展分化、投资贸易格局和多边投资贸易规则深刻调整的复杂状况。为了促进经济要素有序流动、高效配置国内外资源和深度融合内外部市场，2013 年我国政府首次提出了"一带一路"概念，并于 2015 年出台《推动共建丝绸之路经济带和 21 世纪海上丝绸之路的愿景和行动》文件，把"一带一路"概念正式上升为"一带一路"倡议。"一带一路"倡议在空间上考虑已有和新增的海陆空线路，时间上考虑从历史交流基础到新型多样的合作模式，实现沿线国家在交通运输、通关机制和人员往来的互联互通，最后达到贸易互联互通。贸易的便利化会形成各种新型国际经济合作走廊，如新亚欧大陆桥、中蒙俄、中国—中亚—西亚、中国—中南半岛、中巴、孟中印缅等，这会使沿线国家经济合作层次立体化、多维化，保证亚欧大陆乃至全球在新常态形势下社会经济的平稳发展。

在该倡议中，特别强调了口岸建设的重要性。提升口岸的软硬件条件，包括口岸基础设施建设、改善口岸通关条件、协调各国通关机制、加强内陆口岸与沿海沿边口岸合作等，可为中国与沿线各国的互联互通提供便利。口岸是国家对外开放的重要通道，也是有形要素国际流动的必经节点。当前，经济全球化产生的国际产业转移日益频繁。在此过程中，国际有形要素因为口岸的交通便利性，首先集聚在口岸地区。这也使大量无形的国内要素蜂拥而至，进而形成拉动地区发展的"增长极"。

根据地理条件可分为沿海口岸和沿边口岸等类型。世界上经济发达、生产要素汇集度高的地区普遍处于不同类型口岸的周边，特别是沿海口岸，比如上海、伦敦、纽约和香港。而这种作用是动态的，随着地区整体的发展变化而变化。对于"一带一路"沿线地区，它们往往处于不同的

---

① 本节内容根据陈臻和笔者合作发表在《岭南师范学院学报》2018 年第 4 期的论文《口岸城市要素流动与区域发展的共轭模型构建——以湛江为例》修改而来，结构和部分结论进行了调整。

发展阶段。其首尾两端为较发达的欧洲和远东地区，中间是南亚、中亚等广阔的内陆欠发达地区。总体而言，亚欧大陆的内陆地区，包括各个沿边口岸，由于交通不便利、边境纠纷频繁，其经济发展程度与沿海口岸有着非常大的差距，长期以来得不到世界资本的重视。

"一带一路"倡议正切合了当今区域经济发展的迫切需求。它提供了一个统一的框架和平台来展示不同类型口岸的比较优势，并为多方合作提供有效机制。在此机制下，各种要素的有序流动会在这些口岸城市形成一个个新的增长极，最后形成横贯亚欧大陆的新增长轴，带动"一带一路"沿线地区的整体发展，为世界经济提供新的增长动力。基于上述思路，拟构建一个要素流动与区域发展的口岸城市模型，综合评估"一带一路"沿线地区不同要素流动的影响，提出有针对性的政策和措施，实现该地区的共同繁荣。

一　相关研究综述

（一）要素流动和区域发展研究综述

Porter（1990）认为，相关部门在具体产业竞争中的生产力表现，包括劳动力、自然资源、资本和基础设施，组成了不同类型的经济生产要素。[1] 在不同历史时期，对要素流动的研究呈现出不同的特点。"二战"结束之后，随着世界经济新格局逐渐形成，Perroux（1950）针对区域经济发展的不平衡提出"增长极理论"。其强调，通过构建要素集聚的核心节点，使空间非均匀化经济增长产生的辐射效应和回流效应来推动区域经济的整体增长。[2] 而口岸地区的发展则是增长极理论的有效体现。陆大道（1984）根据"增长极理论"提出"点—轴开发理论"和中国国土开发、经济布局的"T"字形宏观战略，提议建设长江沿岸经济带和东部沿海经济带。通过核心城市的开发实现整个经济带的发展，进而带动腹地经济的增长。"点—轴开发理论"和"T"字形宏观战略得到中国政府和学界的广泛认同并在 20 世纪 80、90 年代实施。[3]

---

① Porter, M. E, *The Competitive Advantage of Nations*, New York：Free Press, 1990.

② Perroux, F. "Economic space：Theory and application", *The Quarterly Journal of Economics*, Vol. 64, No. 1, 1950, pp. 89-104.

③ 陆大道：《论区域的最佳结构与最佳发展——提出"点—轴系统"和"T"型结构以来的回顾与再分析》，《地理学报》2001 年第 2 期。

随着经济全球化发展，到了 20 世纪 90 年代，Krugman 认为，生产要素为了获得递增收益而在空间流动，这产生了各种经济活动并在一定区域内集聚。但如果区域之间存在着不可流动性，中心地区的劳动力和由于拥挤带来的成本就会增加。这会使经济活动向外围扩散，减弱区域集聚效应。[1] 这也说明，口岸地区的通关便利是要素在该地区集聚的重要条件。从 20 世纪 90 年代末到 21 世纪，互联网革命促使学界开始研究信息技术对要素流动的影响。Castells 提出的"流空间理论"认为，互联网让数字鸿沟在经济增长中逐渐扮演更重要的角色。[2] 在实际研究中，除了实体要素流动外，还需要注重当地通信设施和信息产业的发展。

中国提出"一带一路"倡议的理论背景，是"T"字形开发战略实施多年后，中国内陆地区发展差异及中国周边国家的共同发展诉求。为了通过要素流动正确解释区域发展差异，陈良文和杨开忠（2007）构建了容纳要素流动和集聚经济的统一模型，并证明外部规模经济和本地市场效应会增强集聚经济程度，这会拉大发达地区和落后地区的差距。[3] 为了缩小差异、实现区域经济的均衡发展，赵儒煜和邵昱晔（2011）提出，内生集聚力的存在引发区域不均衡增长，最终形成"中心—外围"的经济格局。为缩小中国区域经济梯度差距，应着力于促进要素合理自由流动，发挥先进区域扩散效应和落后区域的内生后发优势。[4] 张辽（2013）的研究发现，资本要素的流动带给发达地区的增长福利要大于落后地区；而技术扩散对不发达地区经济发展的影响较大，应通过产业转移缩小地区发展差异。[5]

根据上述文献，要素流动有利于形成促进地区发展的增长极。随着时代的进步，不只传统的资本和劳动力，包括信息技术等其他要素也会对区域发展起正面影响。但要素的过度集聚会导致明显的区域发展差异。为了

---

① ［美］保罗·克鲁格曼：《发展、地理学与经济理论》，蔡荣译，北京大学出版社 2000 年版，第 3—4 页。

② Castells, M., "Grassrooting the space of flows", *Urban Geography*, Vol. 20, No. 4, 1999, pp. 294-302.

③ 陈良文、杨开忠：《我国区域经济差异变动的原因：一个要素流动和集聚经济的视角》，《当代经济科学》2007 年第 3 期。

④ 赵儒煜、邵昱晔：《要素流动与区际经济增长》，《求索》2011 年第 2 期。

⑤ 张辽：《要素流动、产业转移与经济增长——基于省区面板数据的实证研究》，《当代经济科学》2013 年第 5 期。

解决这个问题,"一带一路"倡议力求把散落的若干"增长极"整合为两条"增长轴",实现要素的跨国流动与沿线地区的均衡发展。其中口岸城市必将扮演更重要的角色。

(二) 口岸和口岸地区的关系研究综述

口岸和周边地区之间是一种互补共生的关系——口岸为要素流动提供了便利,而要素流动畅通又会刺激口岸地区相关产业的发展,从而强化口岸的核心地位。Notteboom(2005)提出,沿海口岸和航运业的物流一体化和网络化重新定义了港口在全球价值链中的职能和作用。这会导致新的货运模式和港口分级的产生。[1] Ducruet(2006)则发现港口的演化更多地由周边地区要素和当地管理政策的改变引起。[2]

全球化促进了要素的跨国流动,给口岸地区带来了巨大的机遇和挑战。Grossmann(2008)论证了全球技术、组织和经济发展给口岸相关工作带来的变化。如果那些领先的口岸城市不施行必要的应对措施,将会输给身后虎视眈眈的竞争者。[3] 侯剑(2010)提出,港口功能的扩张提高了港口地区的经济实力,港口发展给航运业和配套的贸易服务业带来新的就业机会。[4] Jacobs(2010)指出,作为全球商品流动的关键节点和先进服务业集聚的中心,港口城市会借助这些优势提升自身在世界范围内的城市等级。[5]

关于"一带一路"要素流动的研究,孙希有(2015)提出,经济要素在特定区域的过量集聚会导致经济衰退,就像大坝崩溃、蓄水流失一样。这些地区应该把它们的生产能力进行适当转移,以适应新的发展模式。而"一带一路"是要素转移的一个新的可行选择。[6] 在分析要素流动

---

① Notteboom, T. E. and Rodrigue, J. P. "Port Regionalization: towards a New Phase in Port Development", *Maritime Policy & Management*, Vol. 32, No. 3, 2005, pp. 297–313.

② Ducruet, C. and Lee, S. W. "Frontline Soldiers of Globalization: Port–city Evolution and Regional Competition", *Geo Journal*, Vol. 67, No. 2, 2006, pp. 107–122.

③ Grossmann, I., "Perspectives for Hamburg as a Port City in the Context of a Changing Global Environment", *Geoforum*, Vol. 39, No. 6, 2008, pp. 2062–2072.

④ 侯剑:《基于系统动力学的港口经济可持续发展》,《系统工程理论与实践》2010 年第1 期。

⑤ Jacobs, W., Ducruet, C. and Langen, P, "Integrating World Cities into Production Networks: the Case of Port Cities", *Global Networks*, Vol. 10, No. 1, 2010, pp. 92–113.

⑥ 孙希有:《流量经济新论——基于中国"一带一路"战略的理论视野》,中国社会科学出版社 2015 年版,第 25 页。

趋势时，于铭和徐祥民（2015）认为，"一带一路"是中国和贸易伙伴交换要素的合适平台。而这些贸易国的口岸城市应该在其中扮演更重要的互联互通节点角色。[①]

因不同口岸或口岸群所在地区的经济总量、人口数量、发展层次、地理条件、区位优势等方面差异巨大，无法简单地横向进行对比研究。本节力求通过构建统一的要素流动与区域发展模型，消除各地因经济与人口差异带来的影响，从它们的区位特色和开放程度角度进行衡量，以细化《丝路愿景行动》对口岸建设的指导纲领，实现不同区域口岸的协调发展。

二　模型构建

本研究选择21世纪海上丝绸之路的核心节点之一、环北部湾中心城市——湛江作为实证对象进行建模。湛江市处于珠三角与东盟之间，具有重要的区位优势。珠三角是我国传统的经济增长极。而东盟地区作为"一带一路"的重要组成，除了传统的出口业务外，近年来与珠三角的合作交流越来越多样化。这促进了相关要素在珠三角与东盟之间频繁往来。湛江正好处于该流动路径中间，得以充分促进与显著发展。为了更有效地扮演好"过路者"角色，同时借力发展有本地特色的外向型产业，湛江可通过构建科学发展模型来探索合理的政策和措施。

（一）建模方法选择

使用系统动力学来构建口岸地区要素流动与区域发展效果的评估模型是一种可行的选择。系统动力学可基于反馈控制理论建立一个复杂系统模型，该模型通过对系统结构和逻辑因果环路的分析，可以处理高阶、非线性、多反馈问题。口岸与区域是一个互动的典型复杂社会系统，非常适合使用系统动力学建模。其中，系统动力学的因果关系图和流程链可以反映港口城市系统与区域不同经济因素之间的联系，然后通过分析固定结构中所有元素之间的关系来进行计算。另外，这种模型可以避免由于观测数据差异过大而导致的仿真故障，适于求解长期、周期性问题。而口岸与所在

---

① 卢光盛、邓涵：《经济走廊的理论溯源及其对孟中印缅经济走廊建设的启示》，《南亚研究》2015年第2期。

区域的经济互动具有这一特征。[1]

（二）因果关系分析

根据系统动力学模型的应用规则，先要确定口岸城市各影响因素的因果关系。然后，基于模型的口岸特性确定具体的流图。进一步，把口岸城市相关历史数据输入流图中，运行仿真进程，以检验该模型的有效性。最后，用该模型来模拟未来相关产业发展趋势，以提出合理的改进措施。

系统动力学模型的基本结构是反馈回路，该回路能反映系统中各要素的相互联系和影响。基于 Ducret 等（2015）[2]、陈臻和许抄军（2016）[3]的研究，确定口岸地区发展模型的主要反馈回路如下。在回路中，箭头表示因果关系，正负符号分别表示积极或消极影响。在因果关系图中，要素流动包括资金、商贸、人口、货物和信息的流动。主要研究产业对象包括第一产业（农业）、第二产业（制造业与建筑业）及服务于要素流动的第三产业。

1. 反映商贸流动的主要反馈回路

（1）口岸城市经济增长 $\xrightarrow{+}$ 商贸流动 $\xrightarrow{+}$ 全行业产值。

（2）口岸城市经济增长 $\xrightarrow{+}$ 商贸流动 $\xrightarrow{+}$ 商品需求 $\xrightarrow{+}$ 货物流动 $\xrightarrow{+}$ 制造业产值 $\xrightarrow{+}$ 全行业产值。

上述两个回路可以反映商业流动对区域的影响。首先，口岸地区的发展依赖于国家间的货物交换，这可以吸引更多的商业要素集聚。而口岸的商业便利优势将吸引供应商把更多货物运过来，或鼓励他们直接在当地设立工厂。这会促进当地制造业和物流业的发展，也对其他行业有积极的促进作用。

2. 反映资金流动的主要反馈回路

（1）口岸城市经济增长 $\xrightarrow{+}$ 资金流动 $\xrightarrow{+}$ 全行业产值。

（2）口岸城市经济增长 $\xrightarrow{+}$ 资金流动 $\xrightarrow{+}$ 制造业产值 $\xrightarrow{+}$ 第二产业

①　傅明明、吕靖：《基于系统动力学的港口—区域经济关系研究》，《大连海事大学学报》2009 年第 11 期。

②　Ducruet, C., Itoh, H. and Joly, O. "Ports and the local embedding of commodity flows", *Regional Science*, Vol. 94, No. 3, 2015, pp. 607-627.

③　陈臻、许抄军：《沿海与沿边口岸群在"一带一路"战略中的协调发展研究》，《内蒙古社会科学》（汉文版）2016 年第 1 期。

产值。

（3）口岸城市经济增长 $\xrightarrow{+}$ 资金流动 $\xrightarrow{+}$ 固定资产投资 $\xrightarrow{+}$ 货物流动 $\xrightarrow{+}$ 全行业产值。

（4）口岸城市经济增长 $\xrightarrow{+}$ 资金流动 $\xrightarrow{+}$ 固定资产投资 $\xrightarrow{+}$ 信息流动 $\xrightarrow{+}$ 全行业产值。

上述回路可以反映资本流动对区域的影响。港口的通关便利性将引起国际资本的关注。当地方经济呈现良好的增长态势时，会集聚更多的资金。这些资本若投资在基础设施领域，当地建筑业将明显增长，物流效率和信息效率也会改善。这些行业的发展也可以为制造业成长创造良好的环境，不管是软件或硬件层面，最后使当地的所有产业都呈现出积极的趋势。

3. 反映人口流动的主要反馈回路

（1）口岸城市经济增长 $\xrightarrow{+}$ 人口吸引力 $\xrightarrow{+}$ 人口流动 $\xrightarrow{+}$ 全行业产值。

（2）口岸城市经济增长 $\xrightarrow{+}$ 人口吸引力 $\xrightarrow{+}$ 人口流动 $\xrightarrow{+}$ 农业产值 $\xrightarrow{+}$ 第一产业产值。

（3）口岸城市经济增长 $\xrightarrow{+}$ 人口吸引力 $\xrightarrow{+}$ 人口流动 $\xrightarrow{+}$ 房地产开发 $\xrightarrow{+}$ 第二产业产值。

（4）区域增长对人口吸引力 $\xrightarrow{+}$ 人口流动 $\xrightarrow{+}$ 区域承载能力 $\xrightarrow{+}$ 人口吸引力。

上述回路可以反映人口流动对该地区的影响。区域经济增长增加了口岸城市的吸引力，越来越多的人聚集而来。人口流动是地方产业发展的巨大动力。日益增长的人口需要更多的食物和住宿，农业和建筑业将得到显著的提升。另外，受城市面积所限，人口不可能一直增加。当土地资源不足时，人口增加会加大其承受压力，进而减少新增人口的迁入。

把上述回路结合起来，建立因果关系图，如图4-5所示。

（三）流图构建

根据图4-5，可以建立口岸地区相互作用的流图。流图是因果关系图的定量表达，图中的许多抽象变量需要用特定的统计指标来表示。根据口

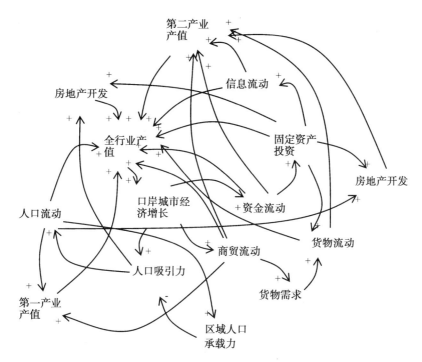

图4-5　口岸要素流动与区域发展评估模型因果关系图

岸的实际情况，选择不同的指标来反映同一要素的流动。具体流图如图4-6所示，相关说明如下：

首先，这个模型包含了第一产业、第二产业和第三产业的相关数据。该流图展示了各种要素流动都会促进地方实体经济的发展，但不同要素的作用不一。其中，资金流动和商贸流动可综合体现在固定资产投资、国际贸易额、国内消费品零售额等指标上；人口流动可用总人口、外来访客人次等指标来衡量；货物流动可用口岸货物吞吐量等指标来衡量；信息流动可用电信业务量等指标来衡量，而口岸城市 GDP 代表了该地区的经济总量。

其次，当地人口增长主要反映在人均收入、就业人口和人口承载力等指标上。人均收入和就业人口增加了该地区的吸引力，但如果承载能力过大，可能会降低这种吸引力。承载力是根据每个土地单位的人口来计算的。人口吸引力与承载力的相互作用使得总人口在一定范围内发生合理的变化。

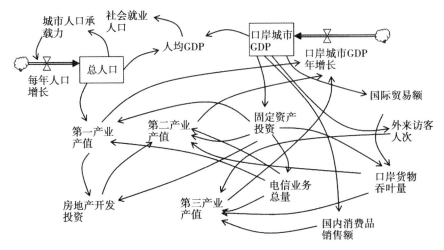

图4-6 口岸要素流动与区域发展评估模型流图

（四）模型检验

在仿真之前，有必要利用历史数据对模型的有效性进行检验。相关数据来自2012—2016年的湛江市统计年鉴。模型主要变量的仿真和实际值显示在表4-9中。

表4-9 湛江市口岸要素流动与区域发展评估模型的
主要变量模拟值与实际值对比

指标		2012年	2013年	2014年	2015年	2016年
口岸城市GDP（亿元）	模拟值	1872.12	2049.74	2253.14	2444.37	2623.61
	实际值	1872.12	2070.01	2258.99	2380.2	2584.43
	偏差率（%）	0.00	-0.98	-0.26	2.70	1.52
总人口（万人）	模拟值	710.92	717.94	721.75	725.27	728.57
	实际值	710.92	716.71	721.24	724.14	727.3
	偏差率（%）	0.00	0.17	0.07	0.16	0.17
社会就业人口（万人）	模拟值	332.63	335.5	338.97	342.19	345.19
	实际值	331.64	336.37	340.75	340.85	343.75
	偏差率（%）	0.30	-0.26	-0.52	0.39	0.42
第一产业产值（亿元）	模拟值	377.98	408.43	439.16	468	495.04
	实际值	384.97	407.7	429.38	454.67	497.58
	偏差率（%）	-1.82	0.18	2.28	2.93	-0.51

续表

指标		2012 年	2013 年	2014 年	2015 年	2016 年
第二产业产值 （亿元）	模拟值	710.62	830.45	891.15	947.23	999.82
	实际值	699.86	819.73	894.15	908.06	985.88
	偏差率（%）	1.54	1.31	-0.34	4.31	1.41
第三产业产值 （亿元）	模拟值	772.06	853.07	945.84	1033.06	1114.82
	实际值	787.29	842.58	935.46	1017.29	1100.97
	偏差率（%）	-1.93	1.24	1.11	1.55	1.26

各主要变量在模型中均具有重要的代表意义：口岸城市 GDP、总人口和社会就业人口可代表该地区的经济水平和人口规模；第一产业、第二产业、第三产业的产值可衡量该地区的经济结构优劣和支柱产业的质量高低。由表 4-9 所示，基于湛江城市数据的口岸要素与区域发展评估模型中主要变量的历史偏差不大于 3%，说明该模型的模拟值与实际值基本吻合。经过了有效的参数设置后，模型具有良好的可行性和有效性，它可以模拟口岸城市系统运行时要素流动与区域发展的变化趋势，有助于研究两者的内在关联机制。

三　仿真预测

经检验，模型结构和模型行为都通过了有效性检验，可以用该模型来模拟未来相关经济指标发展趋势，以提出合理的改进措施。基于模型的历史取样区间，如果对未来进行相同时长的预测，其可信度更高。因此，用模型进行 2017—2021 年的预测，包含要素流动的各主要经济变量仿真结果（见表 4-10）。

表 4-10　　湛江市口岸要素流动与区域发展评估模型的仿真预测　　单位：%

指标	2017 年	2018 年	2019 年	2020 年	2021 年	平均增长率
口岸城市 GDP（亿元）	2791.63	2949.15	3096.84	3235.34	3365.22	4.78
总人口（万人）	731.67	734.58	737.30	739.87	742.26	0.36
社会就业人口（万人）	347.98	350.56	352.97	355.21	357.29	0.66
第一产业产值（亿元）	520.38	544.14	566.43	587.32	606.92	3.92
第二产业产值（亿元）	1049.15	1095.43	1138.85	1179.59	1217.81	3.80
第三产业产值（亿元）	1191.45	1263.29	1330.65	1393.82	1453.06	5.09

续表

指标	2017 年	2018 年	2019 年	2020 年	2021 年	平均增长率
固定资产投资（亿元）	1824.00	2043.21	2248.74	2441.47	2622.22	9.51
房地产开发投资（亿元）	238.41	255.40	271.35	286.31	300.34	5.95
国际贸易额（亿美元）	51.34	51.01	50.71	50.42	50.15	−0.58
国内消费品销售额（亿元）	1616.59	1746.73	1868.74	1983.15	2090.45	6.64
电信业务总量（亿元）	215.28	243.01	269.01	293.38	316.25	10.11
外来访客人次（万人）	4196.97	4545.74	4872.75	5179.39	5466.96	6.84
口岸货物吞吐量（亿吨）	2.73	2.91	3.09	3.25	3.41	5.72

四　结论与建议

口岸建设是湛江打造省域副中心的重要依托，也是"一带一路"倡议的重要组成部分。口岸的便利将吸引更多要素在口岸城市流动，进一步强化其"增长极"角色，形成区域副中心。历史上"一带一路"沿线口岸城市的要素往来频繁，现实中加以有序的引导和培育，会形成横贯亚欧大陆的新增长轴，带动地区整体发展。为评估要素流动对口岸城市发展的促进作用，我们以"一带一路"沿线核心节点——湛江市为研究对象，构建了一个系统动力学模型。在该模型中，资金、人口、信息、商贸和货物的流动对区域经济与社会的促进作用被逐次分解与评估。然后利用该模型对口岸城市 GDP 等 13 个主要的经济指标未来 5 年的发展进行仿真评估。

由表 4-10 可知，若按目前的经济政策运行，未来几年，湛江的经济将从现在的中高速回落到5%左右的中速发展水平，三产结构将从2012年的 20.56∶37.38∶42.05 优化到2021年的 18.52∶37.15∶44.33——第二产业和第三产业的比重继续提高，这与我国目前更重视发展质量的目标相符合。

根据仿真结果，相关决策部门可提出有针对性的措施，充分利用要素流动给本地带来的发展动力，把湛江打造成为广东省域副中心城市，让湛江在粤西区域、北部湾区域中扮演更重要的角色，在"一带一路"建设中发挥自身应有的作用。其他口岸城市也可借鉴湛江的经验进行发展规划，以实现沿线地区的共同繁荣。

如何让经济增长速度回升到更高的水平，我们基于湛江打造省域副中心及"一带一路"倡议的指导思想，根据不同要素流动对区域发展的带动作用，提出如下建议：

第一，引导资本聚焦"省域副中心"建设及"一带一路"倡议相关固定资产投资。

资金流动方面，口岸城市的发展吸引了更多的外来投资与商品贸易。固定资产投资的平均增速达9.51%，这是外来资金对本地实体经济促进的主要推进器。但与此同时，房地产开发投资平均增速为5.95%，不及前者的整体水平。这说明未来湛江需要更多地跳出"卖地—建商品房"的传统发展模式，应该更重视创新性的固定资产投资，比如与省域副中心建设有关的立体交通体系的完善、与"一带一路"沿线国家合作的工业与农业设施改造、新型服务业设施的拓展等。这对经济的促进效果更明显。

第二，加大"一带一路"沿线国家特色产品进口力度，提升区域消费需求。

商贸流动方面，对比国际与国内商品销售仿真数据，可发现未来的几年里国际贸易额还基本维持零增长，国内消费却增长明显。这说明，在国际大环境不景气、欧美等传统出口市场趋于贸易保护的背景下，未来一段时间，决策者需要深度依赖"一带一路"倡议来开拓新的国际市场，也需要出台有力的政策，引进"一带一路"沿线国家的特色产品来刺激本地消费的潜力，以实现商品流动对象的多样性与流动方向的双向性，不再扮演单纯的加工出口角色。通过提升区域消费需求，促进省域副中心建设。

第三，开发具有区域特色的旅游产品，提升区域人口吸引力。

长期以来，湛江是人口净流出地，提高湛江对人口的吸引力是湛江成为省域副中心的关键所在。以吸引旅游人口为例，不管是商务旅客还是观光旅客，都会显著带动本地的服务业增长。可与海南国际旅游岛错位发展，打造具有"一带一路"节点特色的城市名片，提高湛江的城市知名度；利用湛江位于中国大陆最南端的区位优势，大力发展"过路经济"。比如配合高铁、航空的出行时刻表，为前往海南、来往东盟与珠三角的访客提供有特色的"一日游"或"半日游"服务。只有吸引更多访客在湛停留，聚沙成塔，才可为本地带来可观的消费收入。

第四，开辟多式联运物流线路。

货物流动方面，与商贸流动的演化情况相仿。在未来几年，湛江口岸的发展动力将从传统欧美市场转移到"一带一路"国家与国内货物的业务上。因此，港口需要多开辟与上述地区的相关航线，也需要利用新高铁线路建设的机遇来研究湛江是否可对接泛亚铁路，提供"一站式"高速多式联运物流服务。只有针对货源的动态变化进行创新性的调整，才可以对货物的流量、流向、流速进行深层次的优化，促进相关产业发展。

第五，强化与域外农工商产业合作的信息网络。

信息流动方面，模型仿真数据显示，电信业务量未来的年均增长速度是10.11%，说明湛江经济与电信业务是互为促进的显著关系。基于国家的"一带一路"倡议，电信产业的相关决策者需要考虑提供更有针对性的公共产品，比如开发基于湛江与东盟农产品特色的农业合作平台、工商业资源互补的快速响应网络等——以信息化手段打破国家和地区间的空间隔阂，使湛江作为环北部湾中心城市深度融入"一带一路"的建设中。

第三节　本章小结

第一，本章基于广义梯度推移理论，构建了城市综合梯度水平评价指标体系，探讨了湛江的梯度水平。实证结果显示：

从综合梯度水平看，在全国沿海轴线上，湛江所处的北部湾沿海区域属于塌陷区域，综合梯度水平低；在广东省沿海轴线上，湛江的梯度水平居中，属于次高梯度区域；北部湾沿海城市中，湛江的梯度水平相对较高，是塌陷区域中的高梯度区域。作为广东省沿海经济带的次高梯度区域、北部湾沿海经济区域的高梯度区域，湛江具备成为广东省域副中心、北部湾沿海区域中心城市的基础条件。湛江远离珠三角核心区，受其极化作用小，为其成为区域副中心准备了空间条件，带动本区域实现经济起飞。

从子梯度水平看，尽管湛江的综合梯度水平低，但其生态环境子梯度、自然资源子梯度、人力资源子梯度相对较高，有时甚至超过相邻经济中心的广州等地，初步形成了与经济中心相互推移的互动局面。

根据实证结果，湛江一方面要主动接受珠三角区域的辐射，另一方面要充分利用生态环境、自然资源等方面优势影响珠三角经济发达区域，抓住机遇、发展本区域经济，打造省域副中心。

第二，为评估要素流动对口岸城市发展的促进作用，以湛江市为研究对象，构建了一个系统动力学模型，把要素（资金、人口、信息、商贸和货物）流动对区域经济与社会的促进作用逐次分解与评估。根据评估结果，相关决策部门要充分利用要素（资金、人口、信息、商贸和货物）流动给雷州半岛带来的发展动力，把湛江打造成为省域副中心。

附表1　　　　　　　沿海发展轴线各市历年梯度水平及排名比较

序号	城市名	2016 年		2008 年		1998 年		1988 年	
		得分	排名	得分	排名	得分	排名	得分	排名
1	丹东	-0.47	50	-0.55	50	0.13	18	0.12	19
2	大连	0.00	21	0.55	6	0.26	11	0.13	18
3	营口	-0.31	38	-0.13	27	-0.07	28	0.07	22
4	盘锦	-0.35	42	-0.14	28	0.08	21	0.15	16
5	锦州	-0.27	34	-0.53	48	0.35	6	0.22	12
6	葫芦岛	-0.45	49	-0.63	52	-0.36	42	—	—
7	秦皇岛	-0.19	31	-0.12	26	0.28	9	0.37	5
8	唐山	-0.23	33	-0.37	40	0.09	20	-0.03	24
9	天津	0.39	10	0.43	9	0.13	19	-0.10	30
10	沧州	0.87	3	0.38	10	0.03	22	-0.04	26
11	滨州	-0.04	23	-0.20	31	—	—	-0.41	40
12	东营	0.26	14	0.32	12	-0.24	35	-0.03	25
13	潍坊	-0.17	29	-0.27	37	-0.25	36	-0.04	27
14	烟台	0.30	11	0.02	18	-0.05	25	0.27	9
15	威海	0.12	17	-0.07	24	-0.06	27	0.20	13
16	青岛	0.29	12	0.32	11	-0.01	24	0.02	23
17	日照	-0.30	37	-0.34	38	-0.67	50	-0.57	43
18	连云港	-0.31	39	-0.05	21	0.02	23	-0.08	28
19	盐城	-0.29	36	-0.41	42	-0.14	29	-0.30	36
20	南通	-0.04	22	0.24	15	0.19	15	0.56	3
21	上海	0.66	4	1.42	2	0.81	2	0.32	8
22	嘉兴	0.13	16	0.09	17	-0.27	38	-0.34	38
23	杭州	0.56	5	0.50	8	0.64	5	0.33	7
24	绍兴	-0.16	28	-0.06	23	0.21	12	0.14	17
25	宁波	0.53	6	0.59	5	0.20	13	-0.14	33
26	舟山	0.26	13	-0.07	25	-0.38	43	-0.51	42

续表

序号	城市名	2016 年		2008 年		1998 年		1988 年	
		得分	排名	得分	排名	得分	排名	得分	排名
27	台州	-0.22	32	-0.24	34	-0.54	47	—	—
28	温州	0.21	15	0.14	16	-0.15	30	-0.10	31
29	宁德	-0.17	30	-0.55	49	—	—	-0.73	48
30	福州	0.03	20	0.28	14	0.28	8	0.08	21
31	莆田	-0.28	35	-0.60	51	-0.21	33	-0.33	37
32	泉州	-0.11	25	-0.05	22	0.14	17	-0.16	34
33	厦门	0.45	8	0.54	7	0.26	10	0.19	14
34	漳州	-0.12	26	-0.15	29	-0.26	37	0.09	20
35	潮州	-0.43	47	-0.24	35	-0.18	31	-0.64	46
36	汕头	-0.52	53	-0.52	47	-0.06	26	0.15	15
37	揭阳	-0.35	43	-0.43	44	-0.55	48	—	—
38	汕尾	-0.49	51	-0.40	41	-0.52	46	-0.64	47
39	惠州	0.05	19	-0.17	30	0.14	16	0.42	4
40	深圳	2.19	1	2.71	1	2.42	1	2.69	1
41	东莞	0.96	2	0.86	3	-0.23	34	-0.40	39
42	广州	0.45	9	0.76	4	0.70	4	0.34	6
43	中山	0.06	18	0.02	19	-0.36	40	-0.44	41
44	珠海	0.51	7	0.30	13	0.77	3	1.01	2
45	江门	-0.14	27	-0.21	33	0.20	14	0.24	11
46	阳江	-0.42	45	-0.41	43	-0.43	45	-0.59	45
47	茂名	-0.51	52	-0.49	46	-0.39	44	-0.19	35
48	湛江	-0.33	41	-0.20	32	-0.21	32	-0.13	32
49	北海	-0.31	40	-0.35	39	-0.31	39	-0.10	29
50	钦州	-0.44	48	-0.83	53	-0.72	51	-0.75	49
51	防城港	-0.42	46	-0.44	45	-0.66	49	—	—
52	海口	-0.40	44	-0.01	20	0.3	7	0.26	10
53	三亚	-0.05	24	-0.25	36	-0.36	41	-0.57	44

第五章

湛江打造省域副中心的动力条件及发展战略

第一节　湛江打造省域副中心的动力条件

现实中，湛江是欠发达地区、低梯度区域。廖才茂（2002）[①] 的研究认为：以传统的技术梯度作为后发地区的跟进接替梯度，会造成低梯度陷阱和落后的增长；低梯度地区要规避"落后的增长"就只能选择跨越式发展，实现跨越式发展又只能选择反梯度推移路径，而实施反梯度推移的关键是要积极完善吸纳国内外先进技术和培植自身的优势主导产业的条件。湛江在区位条件、制度条件、区域合作及内在支撑推力等方面具备了上述条件，助力其打造省域副中心。

一　区位条件

湛江拥有粤西—环北部湾地区最大的天然深水港，具有承东启西、连接南北的区位交通优势。与中西部地区相比，向东更容易接受珠三角地区的经济辐射；随着动车的运行及高铁的开通，半岛与珠三角的时空距离进一步缩减，有利于半岛接受大湾区的辐射。尽管被置于广西北部湾经济区之外，但在《北部湾城市群发展规划》中被定位为北部湾中心城市，同时中国—东盟自由贸易区海上桥头堡的地位不可替代。拥有大陆地区进入海南距离最近的海上通道，随着海南国际旅游岛及自贸港建设，将给湛江旅游业、物流业等相关产业发展带来新的契机。地处粤、桂、琼三省枢纽位置的湛江，将汇集周边区域发展的政策溢出效应。

另外，湛江远离珠三角经济核心，空间上受核心区域的极化作用相对

[①] 廖才茂：《低梯度陷阱与跨梯度超越——对一个发展理论的思考》，《当代财经》2002年第9期。

较少，为其广义梯度推移发展、成为广东新经济增长极提供了空间上的可能性。随着江门至湛江高速铁路开通、湛江机场升级迁建、琼州海峡客运滚装码头等重大基础设施建设，湛江的区位优势将得到进一步提升。

二　上级政策拉力

在现代日益开放的经济环境中，任何地区的发展都需要高一级发达地区拉动及上级政策支持。湛江尽管远离珠三角经济核心，但作为广东省域经济的一部分，其发展离不开珠三角的帮扶，离不开中央及广东省有关政策的支持。

一是上级政策支持。2017 年 2 月 3 日，国务院《关于印发"十三五"现代综合交通运输体系发展规划的通知》（国发〔2017〕11 号），湛江被定位为全国性综合交通枢纽城市。2017 年 2 月 10 日，国家发展和改革委员会、住房和城乡建设部《关于印发北部湾城市群发展规划的通知》（发改规划〔2017〕277 号），湛江被定位为北部湾中心城市。2017 年 10 月27 日，广东省人民政府《关于印发广东沿海经济带综合发展规划（2017—2030 年）的通知》（粤府〔2017〕119 号），湛江被定位为广东省域副中心城市。2018 年 1 月 3 日，广东省委第十二届第三次全体会议提出要把湛江打造为广东新的增长极；2018 年 5 月 15—16 日，广东省委书记李希在湛江调研时强调：湛江要全力打造省域副中心城市；2018 年 6月 8 日，广东省委十二届四次全会提出要因地制宜促进城市高水平发展，粤西要强化湛江发展能级，打造省域副中心城市和高水平全国性综合交通枢纽。2018 年 10 月 22—25 日，中共中央总书记、国家主席、中央军委主席习近平在广东考察。在要求广东提高发展平衡性和协调性时强调：要加快形成区域协调发展新格局，做优做强珠三角核心区，加快珠海、汕头两个经济特区发展，把汕头、湛江作为重要发展极，打造现代化沿海经济带。2018 年 12 月 1 日，国家发展改革委、自然资源部联合印发《关于建设海洋经济发展示范区的通知》，支持湛江等 4 个设立在园区的海洋经济发展示范区建设。

二是广东省产业转移政策及珠三角地区技术、资金的支持。2005 年开始，广东省积极推行产业转移政策，以促进珠三角地区产业结构升级，同时带动粤东、粤西、粤北地区经济发展。随着广东省产业转移政策的实施，已有 3 个产业园转移落户湛江。经过多年运作，产业转移园在引进项目、促进产业结构升级中发挥着重要作用。正是依托广州（湛江）产业转移园，使钢铁、石化两大项目得以进驻，为湛江石油化工及能源配套产业、钢铁及机械配套产业的建立与完善奠定了基础。另外，无论是基础设施建设还是现代产业体系构建，都离不开巨额资金及相关技术的支持。湛江作为广东省的欠发达地区，其拥有的技术、资金及管理水平都不能满足其经济崛起的需要。而珠三角地区由于产业结构升级，土地及劳动力成本的提高，资本的利润空间缩减，必然会有部分资金为获得更高利润而流向土地、劳动力成本低的欠发达地区。湛江应利用自身优势，创造条件主动承接港澳台及珠三角产业、资金、技术转移和辐射。

三是"一带一路"倡议。《推动共建丝绸之路经济带和 21 世纪海上丝绸之路的愿景与行动》中提出了加强北部湾经济圈港口城市建设的要求，并把湛江列为战略支点城市之一。湛江将继续发挥"海丝之路"始发港的优势，在实践国家"一带一路"倡议中发挥战略支点作用。

三　区域合作动力

作为一个开放的区域，除主动接受核心区域的辐射影响之外，还要加强与经济发展水平接近区域的合作，通过这种合作形成错位发展，同时获得更大市场空间。湛江在积极推动粤西一体化发展的基础上，可寻求更大区域合作空间。

一是参与中国—东盟自由贸易区。中国—东盟自由贸易区于 2010 年建成，为湛江广义梯度推移发展提供了广阔的市场准备。由于地缘优势，湛江与东盟间贸易往来极为频繁，要充分利用区位优势，发挥海上桥头堡作用，积极参与中国—东盟自由贸易区经济合作与交流，成为中国—东盟自由贸易区内的区域性物流基地、商贸基地、加工制造基地和信息交流中心之一。

二是积极融入广西北部湾经济区。交流合作是利用稀缺资源的一种有效方式，海洋把世界各国联系在一起，湛江海洋经济发展离不开与沿海相邻区域及相邻国家的合作，通过区域交流，提升区域影响力。湛江应和北海、钦州、防城港等城市联手，加强与粤湘黔滇周边省物流、旅游、能源开发合作，带动雷州半岛积极主动融入"环北部湾"、寻求协作及更广阔的市场空间。

三是主动接受海南国际旅游岛、自贸区（自贸港）的辐射。随着海南国际旅游岛的开发及自贸港建设，因拥有进入海南便捷的海上通道，在漏出效应作用下，湛江的旅游客源量及物流量也将大大增加，促进其旅游业、物流业等相关产业发展。应整合现有旅游资源，主动对接海南国际旅游岛建设；重点完善徐闻大汉三墩、白沙湾和雷州天成台、雷文化旅游区基础设施，增强对游客吸引力，与海南形成优势互补、错位发展格局，努力构建雷琼旅游产业带。同时，完善交通网络，提高琼州海峡轮渡运输市场效率，形成大物流格局。

四　内在支撑推力

任何区域的发展都离不开自身条件的积累和巩固。经过 40 多年的发展，湛江在产业基础、海洋经济发展条件等方面有了一定积累，为其经济崛起提供内在支撑动力。

一是重大项目进驻的机遇。钢铁、石化两个大项目正式进驻湛江，钢铁、石化和造纸"三大产业航母"建成，为湛江实施广义梯度推移发展提供了可能性。以千万吨钢铁、千万吨炼化一体化基地建设为契机，以东海岛钢铁基地和石化工业园区为载体，以发展钢铁、石化、造纸等临港工业和相关配套项目为重点，将湛江打造成我国南方重化产业基地。以东海岛重化产业基地为核心，以钢铁和石化产业为主导，积极承接国内外产业转移、延长产业链，构建湛江现代产业体系，打造功能完善、特色鲜明、集聚效应明显、辐射效应强大的现代沿海钢铁、重化和造纸产业基地。

二是海洋经济特色。雷州半岛海岸线长、水产品丰富，海岸线有1556 公里，水产品产量连续多年居广东省首位，海养珍珠产量占全国的2/3，对虾产量占广东省的 40%，有全国最大的对虾交易市场和加工出口基地。海洋油气富足，濒临湛江的南海北部大陆架是世界 4 大海洋油气聚集区之一，年产油气当量达 1500 万立方米。滨海旅游资源富有特色，由碧海、沙滩、玛珥湖、火山峡谷群、红树林、珊瑚礁等形成了滨海景观、绿色生态和本土文化的特色旅游资源。这些海上资源为雷州半岛发展现代海洋经济奠定了基础。

此外，湛江市作为南海前沿重要军事基地和驻军大市，在海洋经济领域进行军民融合发展大有作为。2016 年，湛江市奋勇高新区获得国家工业和信息化部授牌，成为国家级军民融合产业基地。实施支撑国家主动布局南海大开发相关的交通战备、动员演练、后勤保障、人才培养、产业开发等功能，增强承载国家战略的综合能力，通过国防先进技术与民用技术的深度融合对接、互动发展，一方面，为湛江市经济发展提供需求牵引，实现产业转型升级，发展实体经济；另一方面，为海洋维权提供产业和后勤服务支持，着力打造高端装备制造基地和后勤保障基地。为国家海洋强国战略和国防建设提供强大物质基础和综合保障。

综上所述，我们得到如图 5-1 所示的湛江打造省域副中心的动力条件框图。

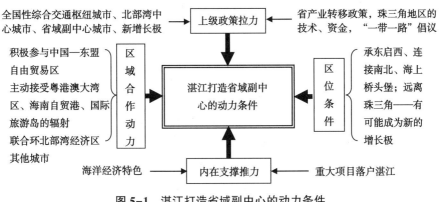

图 5-1 湛江打造省域副中心的动力条件

第二节 湛江打造省域副中心的发展战略

一 近十年来雷州半岛发展定位、发展重点的调整

为促进湛江经济发展，湛江市、广东省及党中央和国务院从不同层面对湛江发展定位、发展重点等进行了相应的规划和调整。

《珠江三角洲地区改革发展规划纲要》（2008—2020 年）指出：加快建设粤东、粤西地区石化、钢铁、船舶制造、能源生产基地，形成沿海重化产业带，培育粤北地区成为珠江三角洲地区先进制造业的配套基地。健全珠江三角洲地区对粤东、粤西、粤北地区的挂钩帮扶机制，创新帮扶方式，促进产业和劳动力双转移，重点扶持主导产业集聚发展的产业转移示范园区，形成产业集群，在有条件的产业转移园区设立封闭管理的海关特殊监管区域或保税监管场所。加快粤东、粤西、粤北地区农村人口向城镇转移，扩大区域中心城市规模，在粤东、粤西、粤北地区培育新的经济增长极。对湛江的主导产业、承接产业转移及培育新增长极提出了中长期规划。

《广东省"十二五"规划》提出："大力发展先进制造业"——依托重大项目引导关联企业集聚发展，完善中下游配套产业，构建一体化的主导优势产业链，在珠三角和粤东、粤西沿海地区建成一批世界级先进制造业基地。"加快发展战略性新兴产业"——突出区域优势，推动形成以珠三角为主体，粤东西北地区有特色的战略性新兴产业区域发展格局。"促进粤东西北跨越发展"——粤西地区要加快建设沿海经济带和城市带，成为广东新的经济增长极。提升粤西区域合作水平，加快"湛茂阳"经济圈发展。"加快建设海洋经济强省"——制定实施海洋经济发展专项规划，建设一批海洋经济强市，把发展海洋经济作为推进东、西两翼沿海地区跨越发展的重要引擎。"构建科学合理的城镇化格局"——扶持发展汕头、湛江、韶关等区域中心城市，加强中心镇建设，带动粤东西北城镇发展。对湛江的先进制造业、战略性新兴产业、建设新增长极、发展海洋经济、建设中心城市等提出了近期的发展重点和要求。

2014 年广东省的政府工作报告提出："推进现代产业体系建设"——推进海洋经济强省建设，打造现代产业黄金海岸。"全面促进粤港澳台侨合作和对外交流合作"——积极参与 21 世纪海上丝绸之路和中国—东盟自贸区升级版建设。"深化农村综合改革"——完善农村金融信用体系，推进粤东西北农村金融改革试点。"加快粤东西北地区振兴发展"——推进设立粤东西北振兴发展股权基金；支持县域经济发展，培育特色支柱产业，壮大财力规模和综合实力；推进滨海旅游产业园和生态旅游产业园建设；健全利益分享、产业链合作、干部选派等帮扶机制，全面加强珠三角对粤东西北地区的对口帮扶。"促进城乡一体化发展"——突破城乡二元结构制约，形成以工促农、以城带乡、工农互惠、城乡一体的新型工农城乡关系。"加强省际合作"——推动粤西联入北部湾经济区。从不同层面对湛江（雷州半岛）的发展提出要求。

中共广东省委十一届三次全会精神提出 2014 年的工作重点有："大力推进区域协调发展"——坚持不懈推进粤东西北地区加快发展，还要重视打通周边，加强广东与周边省区的经济联系，务实推进泛珠三角区域合作，形成促进广东区域协调发展的新格局。"着力提高对外开放水平"——抓住中央提出建设 21 世纪海上丝绸之路的战略机遇，加强与东盟各国及南亚、中东、非洲等地区的经贸合作；抓住国际产业和资本新一轮转移的历史机遇，加强与欧美等发达国家的直接交流合作，抓紧构建广东对外开放新格局。"积极稳妥推进新型城镇化"——加快粤东西北地区的城市发展。

2014 年湛江市政府工作报告提出：推动构建"湛茂阳"临港经济圈，扩大与珠三角、港澳台、北部湾等区域经济体务实合作，积极参与 21 世纪海上丝绸之路建设，打造中国远洋门户城市。

2014 年 7 月，时任中共中央政治局委员、省委书记胡春华莅临湛江考察，对湛江经济发展提出了"不仅要当好粤西地区中心城市，还要建设成为环北部湾最有影响力的城市"的要求，并对抓好重大项目、城市建设、旅游发展、特色现代农业、县域经济发展、生态环境保护、社会稳定、推进两广经济一体化等提出了具体指导意见。

2017 年 2 月《北部湾城市群发展规划》发布，明确将湛江打造成为北部湾城市群中心城市，建设成为区域增长极。2017 年 5 月发布的《全国海洋经济发展"十三五"规划》提出，推进深圳、上海等城市建设成为全球海洋中心城市。

2018 年 10 月 22—25 日，中共中央总书记、国家主席、中央军委主席习近平在广东考察。对广东提出了 4 个方面的工作要求：一是深化改革开放，二是推动高质量发展，三是提高发展平衡性和协调性，四是加强党的领导和党的建设。在要求广东提高发展平衡性和协调性时强调：要加快形成区域协调发展新格局，做优做强珠三角核心区，加快珠海、汕头两个经济特区发展，把汕头、湛江作为重要发展极，打造现代化沿海经济带。

为贯彻落实党的十九大关于"坚持陆海统筹，加快建设海洋强国"的重大决策部署，促进海洋经济高质量发展，按照国家"十三五"规划《纲要》要求，国家发展改革委、自然资源部于 2018 年 12 月 1 日联合印发《关于建设海洋经济发展示范区的通知》，支持 10 个设立在市和 4 个设立在园区的海洋经济发展示范区建设。湛江是设立在园区的海洋经济发展示范区。

二　湛江打造省域副中心的发展战略概述

刘志广（2004）[①] 认为：完善的市场经济制度是国际经济中心城市形

---

①　刘志广：《制度变迁下世界经济增长极的形成与国际经济中心城市的崛起》，《世界经济与政治》2004 年第 11 期。

成的必要前提条件，后发地区如果承接了这种制度，由于经济发展起点较低，其分工和专业化的动态比较利益就很高，经济发展潜力就大，从而可能实现经济超常增长，并吸引国内国际资本争夺新的超额利润，成为新的经济增长极。基于独特的区位条件及现阶段区内外所具备的发展动力条件，湛江应利用珠三角产业转移及承接钢铁、石化、造纸等大项目落户之机，完善市场经济制度；建成中国南方重要的钢铁和能源基地，对接海南自贸区（自贸港），带动大港口、大物流格局形成，发挥半岛"连接南北、融通东西"枢纽作用；依托"三大航母产业"构建半岛现代产业体系，对接珠三角、承接国际产业转移；联合周边区域，发挥海洋经济特色，使其辐射珠三角，享誉国内外；依托海鲜资源优势，打造雷州半岛海鲜美食之乡，与海南国际旅游岛错位发展；依托军民融合产业基地，建设面向南海的重要物资供应和后勤保障基地。我们把它们概括为：湛江"东融西联南拓、蓝色崛起"的发展战略。

所谓"东融西联南拓"，是指湛江的发展要依托"珠三角"融入粤港澳大湾区、联合"北部湾"区域其他城市、对接海南国际旅游岛和自贸区（自贸港）；而"蓝色崛起"，指的是湛江的经济崛起要充分利用海洋资源及港口优势，立足海洋经济发展。湛江作为广东省的欠发达地区，要实现其经济崛起，一方面主动接受珠三角发达地区的辐射，另一方面也需要来自发展水平接近地区的协作与市场空间，走出有自己特色的海洋经济发展之路。

该发展战略的目标是打造省域副中心、形成新增长极；战略重点是"西联"和"南拓"；战略提升是"东融"和"蓝色崛起"。

首先，为打破广东省区域空间的二元结构，通过把湛江打造成为省域副中心，促进粤西区域发展，是广东省委省政府对湛江的要求，也是贯彻落实习近平总书记广东考察讲话精神的体现。同时，打造湛江成为省域副中心，形成了新增长极，有利于北部湾区域经济发展，完善我国沿海轴线。

其次，在现实的经济发展实践中，湛江与粤西地区的茂名和阳江、广西的北海和防城港及钦州等城市的经济联系不是很紧密，特别是由于琼州海峡的阻隔，与隔海相望的海口的联系更是不尽如人意。湛江要成为区域的中心，离不开周边区域要素、市场等的支持，北部湾区域内城市抱团发展是未来的发展趋势。《北部湾城市群发展规划》的出台、海南省自贸区

（自贸港）的建设为湛江实施"西联"和"南拓"战略提供了机会，而且是其未来重点突破的方向。

最后，一方面，尽管远离了珠三角，但作为广东省区域经济的一部分，在珠三角产业升级过程中，湛江一直是珠三角转移的主要承接地之一，一直在融入珠三角进程中；另一方面，作为滨海区域，雷州半岛的海洋经济一直是支柱和特色产业，正在经历由传统海洋经济向现代海洋经济的过渡。未来，湛江应该抓住承接珠三角产业转移、粤港澳大湾区建设及国家实施海洋强国战略的机会，提升"东融"和"蓝色崛起"的广度和深度。

第三节　湛江"东融"和"蓝色崛起"的现状、问题与对策

湛江作为广东省的欠发达地区，一直以来都试图依托珠三角地区来发展本区域经济；受极化作用的影响，粤东西北的要素都趋于流向发达的珠三角地区，雷州半岛成为人才、资金的净流出区域。世界范围内的新一轮产业调整为湛江的"东融"战略提供了可能性。作为海滨城市，发展海洋经济一直是湛江经济发展的特色之一，湛江的"蓝色崛起"主要体现在海洋经济发展。改革开放以来，湛江的经济发展一直都在践行着"东融"和"蓝色崛起"战略，对其不同历史时期的现状、问题、对策等，相关文献也有较多的探讨。

一　湛江"东融"的现状、问题与对策①

湛江市的"东融"战略主要体现在承接珠三角地区转移出来的产业、技术及资金，融入粤港澳大湾区；以承接产业转移作为主要方式，产业转移又集中体现在产业园区的发展。

（一）湛江承接产业转移现状

梯度推移理论认为区域间发展不平衡造成空间经济梯度差，核心表现就是产业的空间梯度。随着新技术及新产品生命周期的推移，产业高梯度地区的生产会逐步转移到低梯度地区，表现为空间上的产业转移。

---

① 参考了《湛江市产业园区"十三五"发展规划》（2016—2020 年）中有关内容。

改革开放以来，广东省不仅是全国经济增长的龙头和引擎，也是经济外向型即对外贸易依存度最高的省份，但经济增长的核心集中在珠三角地区。然而，随着劳动力工资及土地租金的持续提升，珠三角地区加工企业的成本上升、利润空间压缩，企业生存日益艰难。为推动珠三角地区产业转型升级，2008 年 5 月 29 日，中共广东省委、广东省人民政府召开了一次关于广东省未来发展方向的会议——推进产业转移和劳动力转移工作会议，会议提出了推进产业转移和劳动力转移的"双转移"战略，出台了一系列政策措施：《关于推进产业转移和劳动力转移的决定》和 8 个配套文件。"双转移"具体是指：珠三角劳动密集型产业向东西两翼、粤北山区转移；而东西两翼、粤北山区的劳动力，一方面向当地第二、第三产业转移，另一方面其中的一些较高素质劳动力，向发达的珠三角地区转移。同时，加快东、西两翼和北部山区产业转移园区建设，使转移走的产业能够在东西两翼和北部山区的产业转移园中安居落户。

湛江市抓住机遇，积极落实广东省委省政府的相关政策，按照"产城融合、城园一体"的发展理念，基于"一县（市、区）一主园区、一园多区、加快培育主导产业"的发展思路，全市产业园区的总体布局应与当地资源优势、产业基础和产业规划相结合，产业选择和产业布局应从全市的高度充分考虑产业园区的错位发展，避免重复建设和恶性竞争，提高资源配置效率，加快推进产业园建设。形成了包括 12 个省级产业转移园和集聚地在内的"1+3+5+12+N"的产业园区发展新格局。

1. 湛江产业转移工业园区介绍

目前，湛江市各类产业园区（含开发区、产业转移工业园、产业转移集聚地）共有 17 个：国家级开发区 1 个，省级开发区 5 个，升级产业转移工业园 5 个，省级产业集聚地 6 个。下面重点对产业转移工业园区做一介绍。

第一，湛江产业转移工业园。

依托国家级湛江经济技术开发区建设，规划面积 38.2 平方公里，由开发区建成区和东海岛片区构成。园区重点围绕钢铁、石化、特种纸等主导产业积极进行招商引资，钢铁产业以宝钢湛江钢铁基地为龙头，重点引进钢铁深加工、装备制造业、造船业、汽车家电等产业。石化产业以中科广东炼化一体化项目为龙头，重点发展炼油和乙烯、焦炉煤气和氮气利用等七个石化产业链，形成钢铁配套加工、石化中下游、特种纸产业链。在钢铁、石化重点产业带动下，园区大力发展构建以先进制造业和现代服务业为重点的现代产业体系。

第二，佛山顺德（廉江）产业转移工业园（含廉江市产业转移集聚地）。

该产业转移工业园于 2007 年 2 月被广东省政府批准认定，2017 年 6 月省经信委批准把金山车集聚地和沙塘产业集聚地纳入产业园统一管理，享受产业园政策。规划面积 4.5 万亩，已开发面积 1 万亩，落户企业 200 多家，建成投产 190 多家。园区主导产业为家电和家具。家电产业拥有中国驰名商标 2 个、中国名牌产品 2 个、广东省著名商标 16 个、广东省名牌产品 4 个，产品远销 36 个国家和地区。园区基础配套设施完善：建有污水集中处理厂、家电产品研发中心、员工生活配套设施（公共饭堂、廉租房、公寓及公园等）、京东廉江电子商务馆，开通了"廉江—成都"家电专列，投资环境良好。

第三，吴川华昱产业转移工业园。

该产业转移园位于吴川市黄坡镇，2007 年 8 月被广东省政府认定为省级产业转移工业园，是全省唯一一个引入民营资本共建产业转移园模式的省级产业转移园。规划面积 7251 亩，已开发面积 3770 亩。已初步形成水产品加工、建材、金属制品为主导产业，装备制造、环保设备为补充，物流、仓储为配套的产业集聚发展格局。依托水产品加工，延长产业链，做大做强海洋产业，突出海洋经济特色。

第四，霞山临港产业转移工业园。

该产业转移园位于湛江市霞山城区南部，东起湖港路、西至东海大堤、北起湖光路、南至海岸线。规划面积 11764 亩，首期开发面积 7995 亩。主导产业是精细化工、资源深加工、电子信息及临港物流业，已建成投产项目 8 个。

2. 湛江产业园区发展的特点

经过多年的积累，湛江市产业园区发展具备了以下特点。

第一，多层次产业园区布局初步形成。

以 20 世纪 80 年代初成立的国家级开发区——湛江经济技术开发区为龙头，廉江经济开发区等 5 个省级开发区和湛江产业转移工业园等 12 个省级产业园（含产业集聚地）为第二梯队，各县、市、区自行设立的 27 个工业发展集中区为第三梯队，形成了多层次的产业园区发展格局。据湛江市经信局 2018 年年初的统计，全市各类产业园区总规划面积为 5.7 万多公顷，已开发面积 1.1 万公顷。园区经济不断发展壮大，为湛江市经济持续快速健康发展奠定了基础。

第二，园区的开发持续加快。

"十二五"以来，湛江市园区开发速度明显加快。目前，全市经省认定的产业转移工业园 5 个，产业转移集聚地 6 个；全市每个县（市、区）、湛江经济开发区及奋勇高新区都有省级产业转移园（集聚地），工业发展载体布局合理。园区开发率达到 47.6%，园区基础设施、污水处理等建设进度不断加快。

第三，产业园区的载体作用逐步提升。

"十二五"以来，湛江市园区经济总量连创新高，成为国民经济发展的新增长点，地位日益提升。全市园区总产值从 2010 年的 841.3 亿元增加到 2015 年的 1013 亿元，年平均增长 4.1%。其中，佛山顺德（廉江）产业转移工业园、吴川华昱产业转移工业园、遂溪民营科技工业园等园区快速增长，涌现了一批翻倍增产企业。如麻章开发区的半岛科技及装备制造业，廉江开发区的华强电器、威多福电器及家电产业，遂溪民营科技工业园的统一食品及食品加工业等，园区主导产业不断壮大。2016 年，全市园区规上工业总产值 1497.9 亿元，占全市工业总产值的 58.6%；规上工业增加值 433.1 亿元，占全市工业增加值的 56.5%，比 2011 年的 100 亿元增长了 3 倍。

第四，园区投资高速增长。

"十二五"以来，园区固定资产投资和工业总投资明显加快。2015 年全市园区完成固定资产投资 342.8 亿元，同比增长 13.6%，占全市固定资产投资的 26.1%。湛江产业转移工业园、佛山（顺德）产业转移园、吴川华昱产业转移园三个省级产业转移园完成工业投资 307.2 亿元，占全市园区工业总投资的 90%。

第五，园区招商引资成效显著。

"十二五"以来，全市招商引资成效显著，数量和质量明显提高。2012—2015 年，全市产业园区共引进各类项目 255 个，建成投产 164 个，有力推动了园区经济和县域经济发展。"十二五"期间，全市"三讲三评"232 个签约项目中，落户园区项目共 172 个，占比 74.1%；计划投资 311 亿元，其中已投产项目 54 个，完成投资额 94.6 亿元；在建项目 79

个，计划投资额 141.9 亿元。

第六，园区重点项目推进顺利。

"十二五"期末，全市园区累计入园企业达到 825 家，其中建成投产企业 704 家，在建 121 家。投产企业中规上工业企业 294 家。宝钢湛江钢铁、中科炼化、晨鸣纸业四期、国投生物能源、丰城水泥、华能徐闻华海风电场、中海油 80 万吨重交沥青、中国纸业 200 万吨高端涂布纸、冠豪高新特种纸及涂布纸基地等重点项目进展顺利。截至 2017 年年底，宝钢湛江钢铁项目累计完成投资 408 亿元，一号、二号高炉已建成投产；中科炼化项目累计完成投资 35.8 亿元；晨鸣公司 2015 年纸产量 80.9 万吨、浆板产量 84.7 万吨，实现产值 123.5 亿元，同比增长 29.5%。

（二）湛江承接产业转移存在的问题

湛江承接珠三角产业转移面临的挑战，包括区域承接能力弱、空间距离成本高、缺乏产业承接极、政策边缘化、教育和人力资源结构不合理、开发资金缺口大、基础设施投入不足等。① 随着钢铁、石化等重大项目的相继建成，广东省和国家层面的系列规划的出台，以及动车的开通和高铁的建成，湛江承接珠三角产业转移面临的缺乏产业承接极、空间距离成本高、政策边缘化等问题有所缓解。但总体上由于经济体量小导致地方财力不足、民营经济不发达影响产业配套、"马太效应"引起要素净流出等，上述问题没有完全改观，将继续影响湛江承接珠三角产业转移。

（三）湛江实施"东融"对策的借鉴

2015 年国务院批准成立广东自贸区；2018 年中共中央、国务院提出粤港澳大湾区建设。湛江应主动把握这一发展机遇，挖掘自身优势，积极对接广东自贸区和粤港澳大湾区建设、融入珠三角的发展。做好"钢"的文章，立足自身优势，发展湛江先进制造业；做好"海"的文章，以建设"南方海谷"为载体，大力打造湛江海洋经济的支柱产业；做好"纸"的文章，加快林浆纸一体化产业建设，打造湛江经济"第三极"；做好"港"的文章，主动向上衔接，争设粤西最大的保税港区；做好"合"的文章，建立战略对接机制，加强湛穗深经贸合作；做好"金"的文章，丰富自身内涵，建设广东区域产金融合创新示范市；做好"企"的文章，充分借助自贸区效应，促进湛江招商引资。这些对策在实施

---

① 张玉梅：《关于湛江承接珠三角产业转移的对策思考》，《开发研究》2009 年第 3 期。

"东融"战略时值得借鉴。①

二　湛江"蓝色崛起"的现状、存在的问题及对策

湛江市高度重视发展海洋经济，2013年，市委市政府出台了《中共湛江市委湛江市人民政府关于建设海洋经济强市的决定》，编制了《湛江市海洋产业发展规划》和《湛江市海洋经济发展"十二五"规划》，出台了《关于科学管理使用湛江市海域和岸线的意见》《湛江市浅海滩涂养殖管理暂行办法》《关于利用好海域使用权证为经济发展助力意见》和《湛江市鼓励临港工业发展若干优惠政策》4个促进海洋经济发展的政策。2014年，研究并出台了《加快渔船更新改造促进渔业转型升级的意见》，助推现代海洋渔业转型升级。尤其是2017年，湛江市提出"三大抓手""五大产业发展计划"的战略部署，其中《湛江市蓝色海洋综合开发计划（2017—2020年）》是助推湛江"蓝色崛起"的重要引擎，为湛江市海洋可持续开发与利用提供科学依据。

（一）　文献对不同历史时期湛江海洋经济发展的现状分析

王保前和张莉（2010）② 从海洋经济总量、海洋产业结构、滨海旅游及海洋开发保护等角度，吴海燕和白福臣（2011）③ 从海洋经济总量及相关产业角度，马晓南和居占杰（2018）④ 从总量、结构和科研实力三方面，对不同历史时期湛江海洋经济发展的现状进行了分析。

根据本书第三章数据及文献分析，新常态下，湛江海洋经济的现状首先表现在总量提升迅速。2017年，湛江市海洋经济总产值1546亿元，增长15.2%；在钢铁、石化等重大项目的支持下，特别是港口货物吞吐量持续上升。其次，湛江海洋经济仍然处于传统及狭义海洋产业向现代及广义海洋产业过渡阶段。尽管2017年湛江的海洋生物和海洋高端装备产业总产值占全市海洋产业总产值比重达28.5%，成为全市海洋

---

① 汤晓龙：《湛江建设对接广东自贸区战略先行市的路径研究》，《中国经贸导刊》2017年第2期。

② 王保前、张莉：《湛江海洋经济发展研究》，《中国渔业经济》2010年第5期。

③ 吴海燕、白福臣：《湛江海洋经济发展的现状、问题及对策》，《中国渔业经济》2011年第5期。

④ 马晓南、居占杰：《湛江市海洋经济创新发展的路径及对策研究》，《山西经济管理干部学院学报》2018年第2期。

产业的支柱产业①，但比重仍然偏低。湛江市构建具有竞争优势的现代海洋产业任重道远。

（二）湛江海洋经济发展存在的问题

前述文献也探讨了湛江不同时期海洋经济发展存在的问题。

20 世纪 90 年代，主要关注雷州半岛海涂资源利用存在的问题：海水养殖面积大、效率不高，盐田投资不足、产量下降，矿产开采规模小、浪费严重，农业围垦因缺乏淡水而未开发，滨海旅游资源开发不足、旅游业效率低，海涂资源开发项目不协调，红树林面积缩减、海湾受重金属污染等生态环境问题。②

进入 21 世纪，关注的焦点上升到传统海洋经济产业结构、港口航运及相关制度问题：海水养殖产业结构比较单一，未出现规模化经营；海洋捕捞业困境重重，影响渔区经济发展进程；水产品资源优势未得到充分发挥，水产品加工能力低下；深度开发旅游资源的力度不够，资源优势未得到充分利用。缺乏主导产业带动，海洋产业结构优化有待完善；湛江港的吞吐能力未得到充分发挥，临港工业困境和问题较多；航运业欠发达，"肥水流入外人家"；海洋高新技术产业未形成规模；海洋生态环境缺乏有效保护；海洋资源开发利用不合理；海洋管理体制相对落后。③④

2010 年以来，湛江海洋经济发展存在以下问题：海洋资源优势未得到充分利用、海洋产业结构优化有待完善、海洋高新技术产业未形成规模、海洋生态环境缺乏有效保护、海洋管理体制相对落后、海域开发秩序混乱。⑤

总体上，湛江海洋经济发展的主要问题表现在：港口经济发展不足、航运能力未能充分体现、传统海洋经济特色不明显、现代海洋经济体系还未建立。

---

①　陈彦、林小军：《搭建高端学术平台 打造海洋生物医药高地》，《湛江日报》，2018 年 11 月 23 日。

②　廖金凤：《雷州半岛海涂资源的开发利用及其对策》，《资源开发与市场》1999 年第 2 期。

③　王保前、张莉：《湛江海洋经济发展研究》，《中国渔业经济》2010 年第 5 期。

④　吴海燕、白福臣：《湛江海洋经济发展的现状、问题及对策》，《中国渔业经济》2011 年第 5 期。

⑤　马晓南、居占杰：《湛江市海洋经济创新发展的路径及对策研究》，《山西经济管理干部学院学报》2018 年第 2 期。

（三）湛江海洋经济发展的对策

针对前述存在的问题，我们提出如下湛江海洋经济发展的对策。

第一，完善临港产业体系，壮大港口经济。目前，湛江已初步形成以钢铁、石化、造纸为代表的现代临港产业体系；要进一步加大招商引资力度，延伸完善各产业链，做大港口经济体量。

第二，完善疏港运输体系，发挥深港优势。畅通与腹地区域的运输通道（包括高速公路、高铁、航空等），建成全国性综合交通枢纽城市，改变交通末端的局面，发挥深水良港优势。

第三，实施"科技兴海"，助力传统海洋产业发展。依靠域内外科技力量，利用科技进步改造传统海洋产业，打造特色的海洋产业。

第四，发展海洋高新技术，构建现代海洋经济体系。依托海洋科技创新，发展海洋生物医药、海洋生化、海水综合利用等现代海洋产业。

此外，还应完善相关政策法规，为海洋经济发展保驾护航。抓住湛江建设海洋经济示范区机遇①，加强海洋经济发展顶层设计，完善规划体系和管理机制，研究并制定陆海统筹政策措施，助推湛江海洋经济发展。

---

① 2018 年 12 月，国家发改委、自然资源部联合印发《关于建设海洋经济发展示范区的通知》，支持广东湛江设立在园区的海洋经济发展示范区建设，主要任务是创新临港钢铁和临港石化循环经济发展模式，探索产学研一体化体制机制。

第六章

湛江打造省域副中心"西联"的
困境与对策①

第一节　北部湾经济圈城市间合作的困境

一　北部湾经济圈城市间合作的回顾

随着我国改革开放不断推进，经济发展区域化趋势日益显现；在东部沿海发展轴线上形成了较为成熟的环渤海、长三角和珠三角三大经济圈，另有海峡西岸和北部湾经济圈处于发展初期。北部湾经济圈包括广西、广东、海南沿北部湾地区②，区内以港口城市为主。现有文献从北部湾经济圈建设设想和发展战略、合作路径和模式、合作领域和存在的问题、合作的对策建议等多方面进行了相应探讨，为北部湾经济圈由设想走向具体实践提供了有益建议。

（一）关于北部湾经济圈建设设想及发展战略的探讨

周中坚（1991）③ 比较早地提出了北部湾经济圈（广西的钦州湾区、海南省、雷州半岛及越南的北部湾沿海地区）构想：建设港口体系、完善交通网络，依托区位优势、发展特色产业，传承历史、协调发展。之后，徐逢贤（1998）④ 提出了加快环北部湾经济圈（中国部分）建设的10个方面的设想。陈烈和沈静（1999）⑤ 建议由国务院指定国家计委牵

---

① 本章内容根据作者发表在《经济地理》2018 年第 5 期的论文《"一带一路"背景下北部湾经济圈港口城市间合作模式创新》修改而来，结构和部分结论有所调整。

② 文献中有"北部湾经济圈""环北部湾经济圈"及"泛北部湾经济圈"等不同提法，其区域范围的界定没有统一。本章以该区域的港口城市为对象。

③ 周中坚：《北部湾经济圈构想》，《改革与战略》1991 年第 3 期。

④ 徐逢贤：《加快环北部湾经济圈建设的设想》，《经济学动态》1998 年第 8 期。

⑤ 陈烈、沈静：《加强区域合作促进共同发展——以北部湾经济圈为例》，《经济地理》1999 年第 6 期。

头组织，由广东、广西、海南三省区的有关地区负责人参加，成立"环北部湾经济协作区领导小组"，建立相应的工作机构，加强北部湾经济圈区域合作、促进共同发展。李俊星、俞舟和申勇锋（2018）① 在分析了粤西港口群协调发展存在问题的基础上，提出粤西港口群分系统、分港口协调发展规划建议及分港区布局规划思路。王树祥和唐琼沅（2006）② 提出了环北部湾经济圈发展战略：筑巢引凤、集聚因子培养、产业与知识互动、多元化市场发展、核心竞争力推动等。针对有关环北部湾经济圈的文献多数是以广西为研究对象的现状，李罗力（2006）③ 认为环北部湾经济圈开发应上升到国家战略，并提出了 5 方面的具体内容。

（二）关于北部湾经济圈合作的路径和模式的研究

周毅和杨鹏（2005）④ 探讨了构建北部湾经济圈的路径：建立环北部湾经济合作组织、环北部湾经济合作省部长级会议、建立跨地区跨国城市联盟、发挥非政府组织和民间的作用。吕余生和曹玉娟（2016）⑤ 探讨了"一带一路"建设中"泛北部湾"产业合作新模式："通道＋基地"模式、"平台＋门户"模式、跨国跨境产业合作集群模式、自由贸易区升级模式、高端切入的区域大脑模式等。

（三）关于北部湾经济圈建设合作领域、存在的问题探讨

许进（2006）⑥ 探讨了北部湾经济圈合作领域范畴：共同构建交通大网络、发展临海型工业、开发海洋资源和热带亚热带资源、发展滨海旅游业等。伍朝胜（2017）⑦ 则从旅游发展的角度，分析了形成北部湾城市群旅游圈核心竞争力的障碍：相互协调难、资源整合难、宣传促销难。也有

---

① 李俊星、俞舟、申勇锋：《关于粤西港口群协调发展的思考》，《交通企业管理》2018 年第 5 期。

② 王树祥、唐琼沅：《环北部湾经济圈发展战略研究》，《广西民族大学学报》（哲学社会科学版）2006 年第 5 期。

③ 李罗力：《环北部湾经济圈开发与中国五大国家战略》，《开放导报》2006 年第 1 期。

④ 周毅、杨鹏：《环北部湾经济圈发展战略思考》，《桂海论丛》2005 年第 6 期。

⑤ 吕余生、曹玉娟：《"一带一路"建设中"泛北部湾"产业合作新模式探析》，《学术论坛》2016 年第 7 期。

⑥ 许进：《加强区域经济合作，促进北部湾经济圈的崛起》，《生态经济》2006 年第 1 期。

⑦ 伍朝胜：《增强旅游圈核心竞争力　推进北部湾城市群发展的相融并进》，《广西经济》2017 年第 5 期。

文献从城市群战略定位①、沿海城市群构建②、环北部湾城市群生态位③等角度探讨了北部湾经济圈有关城市及城市间合作问题：城市群内产业结构趋同性显著，缺乏具有地区特色的主导产业，城市间发展关系竞争大于合作，合理化的分工体系尚未建立；区内城市间的合作长期处于"议而不决、决而不行"的状态；城市间合作低效，又进一步阻碍区域经济一体化进程。

（四）关于北部湾经济圈合作的对策建议

官锡强（2017）④ 提出了推动北部湾城市群在竞合中腾越发展的政策建议：强化政策优势，高屋建瓴做好城市群发展的顶层设计；强化区域优势，增强中心城市的凝聚力、辐射力和带动力；发挥产业优势，构建具有支撑力的 特色产业群；着力制度优势，加快先行先试的体制机制创新。王景敏（2017）⑤ 探讨了"一带一路"倡议下北部湾港口群竞合发展的对策：错位发展、统管共赢；腹地互动、服务升级；平台打造、信息联通。

还有文献探讨了北部湾经济区港口物流（邹忠全，2010）⑥、"一带一路"对北部湾经济圈的影响（周忠菲，2015）⑦ 等问题。

二　北部湾经济圈城市间合作的困境

梳理研究文献，北部湾经济圈城市合作存在以下困境：

（一）合作主体间合作动机难以协调一致

海南省的省会海口市为加强与陆地的经济联系、广西的沿海三市

---

①　王皓东、刘立刚：《广西沿海港口城市群在环北部湾经济圈发展中的战略定位研究》，《广西商业高等专科学校学报》2002 年第 4 期。

②　官锡强：《环北部湾经济圈南北钦防沿海城市群的构建》，《广西财经学院学报》2006 年第 1 期。

③　毛蒋兴、古艳：《环北部湾城市群城市生态位测度评价》，《广西师范大学学报》（自然科学版）2016 年第 1 期。

④　官锡强：《加快推动北部湾城市群在竞合中腾越发展》，《当代广西》2017 年第 6 期。

⑤　王景敏：《"一带一路"倡议下北部湾港口群竞合发展问题研究》，《经济研究参考》2017 年第 47 期。

⑥　邹忠全：《广西北部湾经济区港口物流现状、问题及对策》，《对外经贸实务》2010 年第 11 期。

⑦　周忠菲：《"丝绸之路经济带"与亚欧经济互动——兼论泛北部湾与印度的经贸合作》，《亚太经济》2015 年第 4 期。

（北海、防城港和钦州）为促进广西壮族自治区的经济开放度，双方参与合作的经济目标必然要服务于本省或自治区经济发展大局，并且是举全省或自治区之力来参与区域合作；而广东省的发展重心在珠三角地区，通过湛江参与北部湾区域合作的积极性不高。

（二）理论（或政策）上"议而不决、决而不行"

北部湾城市群经济联系与地缘经济关系匹配状况不理想[1]，导致市场经济推动力量相对不足、缺乏区域合作的微观基础，北部湾经济圈还不能自发而有效地形成次区域经济合作势态，区域经济一体化进程缓慢；区内城市间的合作长期处于"议而不决、决而不行"的状态[2]。

（三）实践中合作内聚力得不到提升

广东省海岸线长，珠三角区域是其经济发展和出海口岸的聚焦点，包括雷州半岛在内的粤西地区得不到应有的重视；海南和广西沿海地区与湛江在历史上存隶属关系，拆分后行政级别发生变更，加上实际中经济规模和人口规模等因素的影响，区域内未能形成天然的首位城市。特别是随着 2006 年广西北部湾经济圈开发的启动、2007 年广西北部湾国际港务集团有限公司的成立、2008 年 1 月《广西北部湾经济区发展规划》获国务院批准实施，以及 2010 年 1 月海南省国际旅游岛建设获批、2018 年 9 月自由贸易试验区正式获批，周边区域不断得到国家层面的利好政策，导致北部湾经济圈合作主体之间的"离心力"上升，削弱了北部湾经济圈一体化的发展势头，区内城市间合作内聚力得不到提升。相关文献研究也以广西北部湾城市为主。尽管北部湾经济圈构想的提出较早，但一体化进展缓慢，其原因也引发了学界的思考。周中坚（2012）[3] 认为北部湾由于后发，可以借鉴国内外先行地区的经验教训。那么，如何借鉴我国区域经济一体化的实践经验，在区域协调机制、治理模式及合作领域实现突破，发挥 21 世纪海上丝绸之路战略支点城市的作用，促进北部湾经济圈城市有

---

① 许露元、邹丽萍：《北部湾城市群各城市的经济联系与地缘经济关系》，《城市问题》2016 年第 10 期。

② 2000 年 12 月 24 日在湛江市成立了旨在促进区域合作与发展的非政府组织——北部湾经济合作组织，通过了《北部湾经济合作组织世纪宣言》。该组织的宗旨是：加强北部湾区域内外的经济交流与合作，加速北部湾经济圈的形成和发展，加快区域经济融入全球经济的步伐，推进区域经济的强劲增长。但成效甚微。

③ 周中坚：《北部湾的后发崛起及其绿色导向》，《东南亚纵横》2012 年第 10 期。

效合作，完善沿海发展轴线，推动"一带一路"倡议实施？从湛江的角度，即如何联合北部湾港口城市，实施"西联"战略，服务省域副中心建设。

第二节　基于合作模式创新的北部湾港口城市合作

一　北部湾经济圈港口城市的合作基础

（一）北部湾经济圈港口城市合作的经济基础

1. 经济增长速度逆势而上。2005 年北部湾经济圈 GDP 总量为 1471.47 亿元，2015 年增加到 5998.54 亿元，按 1978 年不变价格计，其间 GDP 平均年增长率为 12.04%，远高于全国平均水平。中国经历了近 30 年的高速增长，在 2007 年金融危机之后，受国内外多种因素的影响，由高速增长转为中高速增长；而北部湾经济圈在宏观经济低迷的大环境中逆势而上，保持高速增长势态。

2. 产业结构层次低，但持续向好。2005 年北部湾经济圈第一产业比重为 22.5%，2015 年下降到 15.9%，年平均下降 0.66 个百分点；同时，其第三产业比重由 2005 年的 40.0%，上升到 2015 年的 45.2%，年平均上升了 0.52 个百分点。同期，全国第一产业比重从 2005 年的 11.7%下降到 2015 年的 9%，年平均下降 0.22 个百分点；第三产业比重则由 2005 年的 41.4%上升到 2015 年的 50.5%，年平均上升 0.91 个百分点。与全国整体水平比较，北部湾经济圈第一产业比重偏高，第三产业比重偏低，但经济结构有持续向好的趋势。

3. 海洋经济发展迅速。北部湾经济圈港口货物吞吐量由 2005 年的 11692 万吨，上升到 2015 年的 50317.2 万吨，年平均增长 15.7%，高于全国同期 1.1 个百分点。基于港口货物吞吐能力提升，北部湾经济圈海洋经济也得到快速发展。2013 年，湛江市海洋产业总产值 1237.5 亿元，海洋产业增加值 491.2 亿元，海洋经济总量在全省仅次于广州、深圳居第三位，主要渔业经济指标多年居全省首位。[①] 2014 年，北海市海洋经济生产总值就达 345 亿元，比 2010 年翻了一番，海洋生产总值占全市 GDP 的比

———————

① 林宇云、谢文雅：《广东湛江市海洋经济总量全省第三》2013 年 4 月 28 日，中国水产养殖网，http：//www.shuichan.cc/news_ view-130418.html. 2018 年 12 月 20 日。

重达40.3%，占广西海洋生产总值的比重达37.2%。① 2015 年，海口市海洋经济总产值约250.07 亿元，约占全市 GDP 的 21.5%，约占全省海洋经济总量的23.8%。② 随着国家产业布局调整，北部湾经济圈海洋经济得到长足发展。

2007 年金融危机后，中国宏观经济运行表现出"从高速增长转为中高速增长，经济结构不断优化升级，从要素驱动、投资驱动转向创新驱动"的新常态特征。但地处沿海发展轴线末端的北部湾经济圈，表现出"经济增长速度逆势而上，产业结构层次低、但持续向好，海洋经济发展迅速"的新常态特征；成为我国区域经济最活跃的地区之一，特别是区内海洋经济的迅速发展，构成了区内合作的微观经济基础。

(二) 北部湾经济圈港口城市合作的城镇化进程及城市发展基础

1. 城镇化现状。北部湾经济圈港口城市的城镇化水平低，处在城镇化快速发展阶段。按常住人口计算，2015 年北部湾经济圈各港口城市的城镇化水平分别为：湛江42.09%、海口78.21%、北海57.72%、防城港57.37%、钦州38.95%，只有海口高于全国平均水平，北海和防城港接近全国（58.52%）的平均水平，湛江和钦州市远低于全国平均水平。从城镇体系角度看，北部湾经济圈的 5 个港口城市、下辖 4 个县级市和 153 个建制镇，无论是人口规模，还是经济规模，城市首位度不高。从人口规模角度，按 2016 年年平均人口计，湛江、海口、北海、防城港和钦州分别为：168 万人、166 万人、65 万人、57 万人和 149 万人，年平均人口最多的是湛江，排名前三位城市的人口数比较接近，4 城市人口首位指数仅为0.44；从经济规模角度，2016 年湛江、海口、北海、防城港和钦州 GDP 总量分别为：1145.62 亿元、1257.77 亿元、774.27 亿元、511.29 亿元和511.13 亿元，4 城市经济首位指数仅为 0.52；两指数比较接近，城市经济首位指数略高于 0.5，城市首位度低，区内首位城市发展不足。另外，2011 年数据显示，该区域 153 个建制镇中，总人口排序占全国前 1000 的只有 7 个，财政总收入排序占全国前 1000 的只有 3 个，农民人均纯收入以及粮食总产量排序占全国前 1000 的没有。这些数据说明，北部湾经济

---

① 童政、陈自林：《2016（北海）海洋经济发展研讨会举行》2016 年 1 月 6 日，中国经济网，http://district.ce.cn/zg/201601/06/t20160106_ 8105609.shtml.2018 年 12 月 20 日。

② 罗津：《海口建设"海澄文"海洋旅游经济带》2016 年 8 月 18 日，海口网，http://www.hkwb.net/news/content/2016-08/18/content_ 3019904.htm.2018 年 12 月 20 日。

圈港口城市的城市首位度不高，综合实力较强的建制镇少，有潜力的节点城镇数少，导致北部湾经济圈的城镇体系不完善。

2. 城市发展梯度水平现状。许抄军、王亚新和张东日等（2011）[①]构建了城市广义梯度分布评价指标体系，利用主成分分析法求得广州及粤西—北部湾经济圈共 7 个城市的广义梯度分布综合指标，从高到低排名依次为：广州、湛江、阳江、茂名、北海、防城港、钦州。为便于比较，本书也利用上述方法，分别计算 2014 年、2015 年粤西、北部湾城市及广州和南宁 9 个城市的广义梯度分布综合指标[②]，并用其平均值来表示各城市的广义梯度综合指数，以减少数据异常的影响。结果显示：2014 年、2015 年期间，9 个城市的广义梯度分布综合指标，从高到低排名依次为：广州、南宁、防城港、湛江、北海、海口、阳江、钦州，与 2011 年比较，粤西 3 港口城市的相对位置下降了，广西 3 港口城市的位置有所提升。就北部湾经济圈城市群而言，湛江和防城港互换了排名（但差距甚微），北海和钦州的排名没变。后金融危机时期，北部湾经济圈港口城市的梯度分布没有明显变动，城市经济活力欠缺；与广州（高梯度区域）、南宁（次高梯度区域）相比，北部湾经济圈港口城市群属于大区域（泛珠三角区域）中经济发展的塌陷区域（如图 6-1 所示）。2016 年的数据也有类似的规律（见本书第四章中图 4-4 及附表 1 相关数据）。

表 6-1　　　　　　　　　2014 年、2015 年粤西、北部湾城市
各主成分得分、广义梯度综合指数

城市	第一主成分得分		第二主成分得分		第三主成分得分		第四主成分得分		第五主成分得分		广义梯度综合指数	
	2014 年	2015 年	2014 年	2015 年	2014 年	2015 年	2014 年	2015 年	2014 年	2015 年	2014 年	2015 年
广州	2.43	2.05	-0.34	1.53	0.59	-0.26	0.45	-0.40	0.7	0.42	1.48	1.27
阳江	-0.43	-0./4	-0.54	0.36	-0.25	-0.79	0.1	0.12	0.22	0.08	-0.35	-0.41
茂名	-0.27	-0.97	-0.72	0.20	-0.9	-0.72	-1.1	0.35	1.14	-0.42	-0.38	-0.56

① 许抄军、王亚新、张东日等：《基于广义梯度理论的雷州半岛发展研究》，《经济地理》2011 年第 12 期。

② 主成分分析过程：选入 5 个主成分，其累计方差贡献率 2014 年为 90.89%、2015 年为 94.15%，保留了原始数据的绝大部分信息；2014 年各主成分对应的特征根依次为 13.08、3.94、2.52、1.63、1.56，2015 年依次为：12.28、4.06、3.22、2.58、1.40；按照特征根对各主成分加权得到广义梯度综合指数，各主成分得分及广义梯度综合指数如表 6-1 所示。

续表

城市	第一主成分得分		第二主成分得分		第三主成分得分		第四主成分得分		第五主成分得分		广义梯度综合指数	
	2014 年	2015 年	2014 年	2015 年	2014 年	2015 年	2014 年	2015 年	2014 年	2015 年	2014 年	2015 年
湛江	0.02	-0.09	0.28	-0.01	0.09	-0.66	-0.28	0.23	-1.56	-0.71	-0.06	-0.16
海口	-1.02	0.59	0.34	-1.81	2.3	-0.14	-0.32	-1.77	0.69	-0.44	-0.25	-0.24
北海	-0.76	-0.09	-0.05	0.19	-0.52	-0.58	2.4	0.60	0.24	-1.00	-0.31	-0.09
防城港	0.13	-0.69	-0.92	1.80	0.21	2.27	-0.21	-0.55	-1.75	-0.71	-0.2	-0.01
钦州	-0.38	-0.88	-0.47	0.00	-0.85	-0.04	-0.7	-0.47	0.35	2.28	-0.42	-0.38
南宁	0.27	0.83	2.41	-1.25	-0.67	0.91	-0.33	1.90	-0.02	0.50	0.47	0.59

从城镇化阶段看，北部湾经济圈处于城镇化快速发展时期；从城市发展梯度水平看，北部湾经济圈港口城市的广义梯度水平接近且相对较低，同属塌陷区域。构建区域城镇体系、推动区域新型城镇化快速发展、提升自身梯度水平的共同诉求，成为其协调合作动机的基础之一。

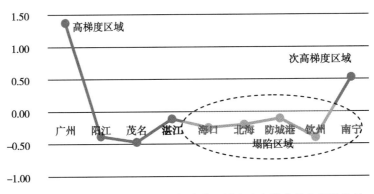

图 6-1　2014—2015 年粤西、北部湾港口城市广义梯度综合指数比较

（三）北部湾经济圈港口城市合作的制度基础

2000 年 11 月 24 日，为推动北部湾区域合作，由湛江市、海口和北海三市政府共同发起成立了北部湾经济合作组（防城港和钦州也是成员）；共同发表了《北部湾经济合作组织世纪宣言》，并制定了《北部湾经济合作组织章程》，在湛江市设立了办事机构和联络处。截至 2016 年，该合作组织召开了 9 次成员大会，28 个城市和企业加入，取得了一系列成果：签署了《环北部湾城市旅游合作宣言》，促进了北部湾经济圈旅游业发展；召开了 12 届广播电视交流会议，共同宣传北部湾；成功举办了

3 届北部湾城市形象大使大赛，推动北部湾区域文化的繁荣发展；还通过泛北部湾区域经济合作市长论坛、民营企业国际化论坛等为区域合作提供实践与理论支持。[①] 此外，《国家 "十三五" 规划纲要》把环北部湾城市群建设纳入规划引导发展的城市群之一，并居首位，加上《推动共建丝绸之路经济带和 21 世纪海上丝绸之路的愿景与行动》中提出的加强北部湾经济圈港口城市建设的要求，以及 2017 年 2 月发布的《北部湾城市群发展规划》等，这些构成了北部湾经济圈港口城市合作的制度基础。

二　北部湾经济圈港口城市合作领域的选择

从发展角度看，北部湾经济圈港口城市合作领域是全方位、多领域的，但有一个逐步深入和推广的过程；合作初期，应有选择地以各城市的优势产业作为突破口。利用《中国城市统计年鉴》（2015、2016）按行业分组（共 19 个行业）的单位从业人员数据，借鉴出口相对竞争力指数计算公式，计算北部湾经济圈 5 港口城市行业的相对竞争指数，用 2014 年和 2015 年 I_{ij} 指数的平均值近似表示各市相对优势产业[②]，以减少统计数据异常的影响。计算公式[③]为：

$$I_{ij} = \frac{\dfrac{X_{ij}}{\sum\limits_{i} X_{ij}}}{\dfrac{\sum\limits_{j} X_{ij}}{\sum\limits_{i}\sum\limits_{j} X_{ij}}} \qquad (1)$$

式（1）中 i 代表行业 $i \in (1, 19)$、j 代表城市 $j \in (1, 5)$，X_{ij} 代表 j 市 i 行业的从业人员，$\sum\limits_{i} X_{ij}$ 为 j 市所有行业的从业人员，$\sum\limits_{j} X_{ij}$ 为 5 城市 i 行业的从业人员，$\sum\limits_{i}\sum\limits_{j} X_{ij}$ 则是 5 城市所有行业的从业人员，I_{ij} 表示 j 市 i 行业的相对竞争指数。I_{ij} 大于 1 说明 j 市 i 行业具有相对竞争力。结果显示湛江和海口具有相对竞争力的行业同为 11 个，北海、防城港和钦州具有

---

① 参考了北部湾经济合作组织网站相关内容，http：//www.cbeco.org/plus/list.php?tid＝54。

② 一般文献用产值来计算该指标。本书用就业人员数来代表产值，在后金融危机期间，就业压力增加，突出就业符合当前的经济现状。

③ 限于篇幅，详细数据结果没有列出。

相对竞争力的行业分别为5个、8个和6个,从另一角度说明了北部湾港口城市群中,湛江和海口的综合实力较强。

结合上述计算结果,进一步假设:某一行业 I_{ij} 大于1的城市数有3个及以上,就说明城市群内该行业具有同构现象;如果某城市相应行业 I_{ij} 最大,则该行业即为城市群内的优势产业。基于这一假设,北部湾经济圈港口城市有8个行业有产业同构现象。排除部分区域限制或服务地方的行业① (卫生、社会保障和社会福利;公共管理和社会组织),北部湾港口城市有6个行业 (电力和燃气及水的生产与供应,建筑业,交通运输、仓储和邮政业,金融业,水利、环境和公共设施管理业,教育) 具有产业同构现象,需要进行区域协调调整,整合区域城市群同类产业资源,协同发展。关于城市群内的优势产业,湛江市有3个 (采矿业,租赁和商业服务,水利、环境和公共设施管理业),北海、防城港和钦州各有2个 (北海市的制造业和金融业;防城港的电力、燃气及水的生产与供应,交通运输、仓储和邮政业;钦州市的建筑业和教育业),作为省会城市的海口最多,有7个优势产业 (即第一产业,房地产,科学研究、技术服务及地质勘查业,滨海旅游,信息传输、计算机服务及软件业,批发和零售业,文化和体育及娱乐业)。

进一步比较发现,城市群同构的6个产业中,湛江、北海、防城港、钦州和海口分别有6个、4个、5个、3个和2个,说明湛江、北海和防城港产业同构相对严重;而海口只有2个产业与其他城市有同构现象,其产业错位发展较好,显示出省会城市的发展潜力 (见表6-2)。

基于5城同构产业、优势产业及5城发展的历史和现状,北部湾经济圈港口城市的产业合作应从传统的水产养殖业、相对区外具有优势的港口相关产业和滨海旅游业开始。例如,交通运输和仓储中的港口相关产业,是北部湾经济圈港口城市相对于区外的优势及合作的基础,也是竞争最为激烈的领域。基于北部湾合作组织现有基础,依托湛江港务集团和各港口城市政府等合作组织成员,成立北部湾经济圈港口群集团,协调各港口专业化发展、促进各城市包容性发展。而部分城市已经形成的优势产业 (如表6-2所示),要充分发挥区域领头羊优势,在开展与其他各市合作

---

① 例如采矿业,居民服务、修理和其他服务业,卫生、社会保障和社会福利,公共管理和社会组织等。

的基础上做大做强、错位发展——凸显做强城市特色，促进优势互补各具品牌。[①] 例如海南省应利用国际旅游岛的政策优势，整合 5 市滨海旅游资源，打造我国热带滨海旅游黄金圈，促进区域旅游发展。结合各市产业发展的现状，建议 5 市合作可以港口相关产业、滨海旅游及水产养殖业等领域作为突破口。

表 6-2　　　　基于从业人员的北部湾经济圈港口城市的
同构产业和相对优势产业比较

城市名	5 城同构产业	各城优势产业	5 城初期合作产业
湛江	电力和燃气及水的生产与供应；建筑业；交通运输、仓储和邮政业；金融业；水利、环境和公共设施管理业；教育	采矿业；租赁和商业服务；水利、环境和公共设施管理业	交通运输、仓储和邮政业；滨海旅游业；传统的水产养殖业等
北海		制造业；金融业	
防城港		电力和燃气及水的生产与供应；交通运输、仓储和邮政业	
钦州		建筑、教育	
海口		第一产业；房地产；科学研究、技术服务及地质勘查业；滨海旅游；信息传输、计算机服务及软件业；批发和零售业；文化和体育及娱乐业	

注：这里把住宿和餐饮业等同于滨海旅游业。表中所列产业对应的相对竞争指数（区位熵）都大于 1。

三　北部湾经济圈港口城市合作协调机制的借鉴

（一）我国区域城市群一体化合作协调机制的实践

改革开放 40 多年来，我国区域城市群一体化合作有了长足的发展，出现了包括环渤海、长三角、珠三角、长株潭等为代表的城市群一体化合作实践。不同区域城市群的特征、一体化协调模式等有所区别，形成了不同空间结构。部分区域城市一体化比较如表 6-3 所示。

我国沿海发展轴线上的环渤海、长三角及珠三角区域的城市群在市场力量的推动下，一体化逐步走向成熟，最终纳入国家规划；这三个区域的城市有同省域的珠三角、有跨省域的环渤海和长三角，域内各有 1—2 个高行政级别和经济实力强的核心城市，形成了域内城市群的首位城市，导

---

① 冯娟：《基于城市功能分工的北部湾城市群发展》，《山东工商学院学报》2017 年第 2 期。

致了环渤海和长三角的核心—外围空间结构、珠三角的多中心空间结构。环渤海和长三角城市群由于首位城市突出，北京和上海分别是这两个区域的中心，核心城市主导协调模式正推动这两个区域的城市一体化；而"市（镇）联合体"一体化协调模式正在主导着珠三角城市群的一体化。沿海轴线上处于一体化初期的海峡西岸城市群，厦门、泉州和漳州三市在以台商投资为主的市场力量推动下，形成了核心—外围的空间结构；同样由于首位城市突出，核心城市主导协调模式正促进其一体化。内陆省份湖南的长株潭城市群，在国家"两型社会"建设试验区推动下，正处于一体化快速推进阶段，尽管该区域内三个城市行政级别和经济实力有明显差异，长沙市属于区内的首位城市，三市的合作属于核心—外围空间结构，但三市在同一行政区域内且有融城趋势，城市群行政架构的一体化协调模式正在促进该区域城市群一体化的快速发展。

表6-3　　　　　　　　　　我国部分区域城市一体化比较

一体化区域	所处阶段	城市群特征	可借鉴的协调模式	空间结构
环渤海	比较成熟阶段	跨省域，行政级别和经济实力不同	核心城市主导协调	核心—外围
长三角	比较成熟阶段	跨省域，行政级别和经济实力不同	核心城市主导协调	核心—外围
珠三角	比较成熟阶段	同省域，行政级别和经济实力不同	"市（镇）联合体"一体化协调	多中心
海峡西岸	一体化初期	同省域，行政级别和经济实力不同	核心城市主导协调	核心—外围
长株潭	快速推进阶段	同省域，行政级别和经济实力不同	大伦敦城市群行政架构的一体化协调	核心—外围
北部湾	学术探讨阶段	跨省域，行政级别和经济实力接近	"市（镇）联合体"一体化协调	多中心

　　随着这些区域城市间合作实践的推进，府际管理、复合行政、多中心治理等治理理论逐步应用到我国区域城市一体化中，丰富了我国区域政府之间的合作治理模式。国内外实践显示，区域一体化合作管理模式正从"行政治理"向"社会治理"转型；社会治理是未来的发展方向，2016年6月英国的脱欧事件说明区域一体化进程中行政管理的有限性。傅永超

和徐晓林（2006）[①]比较了府际管理和复合行政理论，认为两者在"建立以合作为基础的互惠共进的政府合作模式"的本质上是一致的；且两者的内容体系和作用可以相互补充，互相利用。随着区域一体化实践逐步推广及相关理论不断发展，一体化进程中政府间合作的治理模式日益趋向"多中心、少层级、网络化"，而权威、高效的协调机制是有效合作的保障。

（二）北部湾经济圈港口城市可借鉴的合作协调机制

长期以来，北部湾经济圈城市群之间合作缺乏效率、裹足不前，权威、高效协调机制的缺失是主要原因之一，所以协调机制的突破是北部湾经济圈港口城市合作的关键。海口、北海、防城港和钦州与湛江历史上有隶属关系，拆分后，海口成为海南省的省会城市，其对海南省的重要性不言而喻。北海、防城港和钦州作为广西仅有的出海口，得到全自治区的高度重视。尽管湛江市的综合实力长期领先于北部湾其他港口城市，但在广东省内的排位不理想[②]，得不到广东省的重视。历史的隶属关系、现实的行政级别及综合实力等多种因素交织导致了多方博弈，结果是每个城市都想当北部湾城市群的领头羊，但都没有这个实力。尽管其间也成立了"北部湾经济合作组织"，举办了相关论坛和会议，但权威性大打折扣，在实践中协调效率不高。

鞠立新（2010）[③]总结了值得我们借鉴的国外一体化协调模式：英国大伦敦行政架构的一体化协调模式、美国加拿大的城市政府之间的协会协议与特设机构的模式、日本韩国的核心城市主导协调的模式、法国的城市（镇）联合体的协调模式等。由于北部湾经济圈各市综合实力相对较弱，单个城市无力主导区域发展，现阶段可借鉴法国的"市（镇）联合体"一体化协调模式来协调各市之间的各种社会经济事务，实现抱团发展。目前，环北部湾城市群建设已列入国家"十三五"规划，应充分利用这一契机，从国家层面设置一个权威、高效的协调机制，来统筹"广西北部

---

①　傅永超、徐晓林：《长株潭一体化政府合作模式研究——基于府际管理和复合行政理论》，《软科学》2006年第6期。

②　2015年，湛江市GDP总值2380亿元，省内排名第八；人均GDP是32933元，省内排名第十六。

③　鞠立新：《由国外经验看我国城市群一体化协调机制的创建——以长三角城市群跨区域一体化协调机制建设为视角》，《经济研究参考》2010年第52期。

湾经济区""海南省国际旅游岛及自贸区"和"北部湾经济合作组织"，以提升区域合作的内聚力、协调区内合作政策或理论的一致性，解决区域合作内聚力得不到提升、理论（或政策）上"议而不决、决而不行"的困境，达到"一加一大于二"的状态，实现该区域包容性发展。为确保相关协调机制的权威性，进一步借鉴法国的《城市（镇）联合体法》，把"市（镇）联合体"通过国家法律肯定和规范下来，明确城市（镇）联合体的法律地位和社会职责。①

四　北部湾经济圈港口城市合作治理模式的突破

北部湾经济圈港口城市地缘上一衣带水，历史上一脉相承，现实中各有所长。图 6-1 显示北部湾港口城市群 5 个城市的广义梯度综合指数相对较低，在泛珠三角区域中属于经济发展塌陷区域，且 5 个城市广义梯度综合指数比较接近，没能形成区域发展的增长极，低水平、多极发展仍是该区域未来的发展趋势。要实现它们的有效合作，可采取"多中心、少层级、网络化"合作治理模式。

这里的多中心有两方面的含义：其一是治理地理中心。在可以预见的未来，北部湾经济圈中的港口城市不可能出现能代表区域整体利益的首位城市，多方博弈的局面将长期存在。北部湾港口城市群合作，在组织形式上必须打破传统的单一地理（政府）中心的行政模式，使治理的主体能代表不同区域的利益（海口代表海南省，北海、防城港和钦州代表广西，湛江代表粤西）。其二是治理主体中心。治理的主体既有代表官方的政府组织，也有非官方的民间组织和私营部门，以及能代表区域整体利益的多样化的非政府组织、自愿组织和经济组织，形成北部湾经济圈政府与公民社会、私营部门等多元主体共同治理区域公共事务的新格局。

在多中心的前提下，行政科层级别将进一步减少，导致治理的少层级。同时，不同政府组织和非政府组织之间将产生横向联系，形成网络化

---

① 法国的城市（镇）联合体的协调模式，既借助于行政力量特别是地方政府的力量，又不重构行政层级框架，更没有增加新的行政层级；它有着明确的法律地位、基本职责和运行机制模式，还通过法律明确其正常运转的财政支撑渠道，一旦形成共识和共同签署协议，就对整个联合体的成员都具有法律约束力。这些对于促进城市（镇）群的一体化协调发展起到了很好的推进和保证作用，这种模式收到了相当好的实际效果，使得众多相邻城市（镇）之间都能够一体化协调发展。

治理体系。

第三节　结论与对策

结合前面的分析结果，得到图 6-2 所示的北部湾经济圈港口城市合作框架。

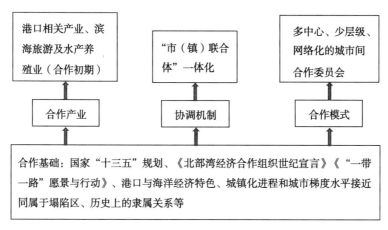

图 6-2　北部湾经济圈港口城市合作框架

经过 40 年的发展，我国沿海轴线上形成了环渤海、长三角、珠三角等增长极，但位于发展轴线末端的北部湾经济圈还处在发展的初期，一体化进程缓慢。在经济增长速度逆势而上、产业结构层次低但持续向好、海洋经济发展迅速等区域经济新常态时期，南海地缘政治风险上升时期，新型城镇化快速发展时期，以及"一带一路"倡议实施时期，北部湾经济圈城市群一体化意义重大。竞合发展是北部湾城市群增强区域增长极辐射力和拉动力的必然选择。[①] 在环北部湾城市群建设已列入国家"十三五"规划之际，基于粤（湛江）、桂（北海、防城港和钦州）、琼（海口）合作三方实力相对均衡的现状，结合《推动共建丝绸之路经济带和 21 世纪海上丝绸之路的愿景与行动》中对北部湾经济区及区内港口城市的要求，可借鉴"市（镇）联合体"一体化协调模式、采取"多中心、少层级、网络化"治理模式，通过法律化的协调机制和扁平化、高效率的治理模式把合作落实到具体的港口相关产业、滨海旅游业等相关领域，突破现

---

① 官锡强：《加快推动北部湾城市群在竞合中腾越发展》，《当代广西》2017 年第 6 期。

状，推动北部湾经济圈城市群一体化进程，发挥 21 世纪海上丝绸之路战略支点城市的作用，完善我国沿海发展轴线，服务"一带一路"倡议。具体合作措施，可借鉴黄葆源（2015）[①] 针对广西北部湾港打造升级版所提出的措施：整合港口资源、夯实港口区域一体化基础；拓展港口功能、促进港产城互动发展；推动口岸一体化、提速港口区域一体化进程；推动路港一体化、构建港口与区域经济联动发展格局。

[①] 黄葆源：《北部湾港：加速一体化 打造升级版》，《中国远洋航务》2015 年第 1 期。

第七章

湛江打造省域副中心"南拓"的现状与展望

第一节 湛江打造省域副中心"南拓"的"点轴"发展①

区域城市群的经济发展是一个动态过程，一般呈现出点（增长极）发展、点轴发展和网络发展三个不同阶段，城市群发展遵循点—轴—网络的规律，由低级向高级发展。② 京津唐、长三角和珠三角地区是中国区域经济发展最发达地区，城市间已经形成网络结构。与发达区域比，目前北部湾城市群经济发展还处于较低级阶段，2017 年中国城市经济排名，南宁第 50 位，茂名第 77 位，湛江第 81 位，海口在 100 位以外，缺乏领军的经济强市。目前北部湾各城市正加速点式发展，处于城市间加强联系、联接成轴线阶段，需要其中某些城市带动周边发展，成为增长极，进而联点成轴，形成点轴发展。

2017 年 2 月国家发改委出台了《北部湾城市群发展规划》，北部湾城市群包括广西的南宁市、北海市、钦州市、防城港市、玉林市、崇左市，广东的湛江市、茂名市、阳江市和海南的海口市、儋州市、东方市、澄迈县、临高县、昌江县。其核心是打造"一湾双轴、一核两极"的城市群框架。"一湾"，指以北海、湛江、海口等城市为支撑的环北部湾沿海地区，并延伸至近海海域；"双轴"，指南北钦防、湛茂阳城镇发展轴；"一核"，指南宁核心城市；"两极"，指以海口和湛江为中心的两个增长极。海南省本身经济不发达，1988 年才从广东省划分出来，主要依赖传统旅

---

① 本节内容根据杨少文和笔者合作发表在《岭南师范学院学报》2018 年第 4 期的论文《北部湾"东轴"城市空间经济广西发展研究》整理而来。

② 陈群元、喻定权：《我国城市群发展的阶段划分、特征与开发模式》，《现代城市研究》2009 年第 2 期。

游和房地产；由于缺乏海南本地经济的强力支持，高端服务业也很难健康发展。因此，海口这个增长极需要通过湛茂阳城镇发展轴联系内陆，获得经济腹地支持。本书将海口到儋州与湛茂阳发展轴合并一起，称为北部湾"东轴"城市子群，相应的"西轴"城市子群是以南宁为核心的增长极。由于东轴城市群包含《规划》中的两个增长极，因此，本书以两个增长极为核心，研究"东轴"城市空间经济关系的中心城市、产业分工和经济联系的现状和问题，以及未来发展的建议。"东轴"上的东方市、澄迈县、临高县、昌江县是海南的县级市，分行业的统计数据缺失，故本节仅研究地市级及以上的海口、儋州、湛江、茂名和阳江五座城市。

一　"东轴"城市中心性分析

城市中心性是指一个城市为它本身以外地方服务的相对重要性，表现为替其他地区提供中心商品与服务的能力，是衡量城市功能地位高低的重要指标。[①] 城市群的中心性一般是该区域的核心城市，是城市群发展的增长极。分析城市群的中心性有助于遴选增长极城市。

本书选取"东轴"各城市生产总值（GDP_i）、从业人口数（P_i）、科技人员数（S_i）、社会固定资产投资额（M_i）和社会消费品零售总额（C_i）五个指标，综合上述指标对城市的中心职能指数进行研究。城市生产总值全面反映了城市的整体经济实力和水平；从业人口数量反映了城市的人口集聚能力；科技人员数代表了城市的科技发展水平，反映了一个城市接受和传播技术、信息等方面能力；固定资产投资额则体现了城市投资规模和发展经济的基本能力；社会消费品零售总额反映了城市居民的物质文化生活水平以及零售市场的规模。城市中心职能指数的计算如公式（7-1）[②]。

$$K_{GDP_i} = \frac{GDP_i}{\frac{1}{n} \sum_{i=1}^{n} GDP_i} \qquad (7-1)$$

用同样的方法计算 K_{Pi}、K_{Si}、K_{Mi} 和 K_{Ci}。城市中心职能强度的计算见公式（7-2）和（7-3）^{2}：

① 姜海宁、陆玉麒、吕国庆：《江浙沪主要中心城市对外经济联系的测度分析》，《地理科学进展》2008 年第 6 期。

② 同上。

$$K_{Ti} = K_{GDPi} + K_{Pi} + K_{Si} + K_{Mi} + K_{Ci} \qquad (7-2)$$

$$K_{Ai} = \frac{1}{5}K_{Ti} \qquad (7-3)$$

式中 K_{GDPi}、K_{Pi}、K_{Si}、K_{Mi} 和 K_{Ci} 分别表示城市 i 的城市生产总值、科技人员数、社会固定资产投资额、从业人口数和社会消费品零售总额中心职能指数；K_{Ti} 表示城市 i 的五个中心职能指数之和；K_{Ai} 表示城市 i 中心职能强度值。从广东省、海南省历年统计年鉴中获得上述指标数据，计算 1999—2016 年"东轴"各城市中心职能强度值（见表7-1）。

表 7-1　　　　　1999—2016 年"东轴"城市中心职能强度值

年份	海口	儋州	阳江	湛江	茂名
2016	8.8563	1.6515	2.6095	6.2443	5.6385
2015	8.8462	1.6238	2.8913	6.1141	5.5246
2014	8.7310	1.7646	3.0346	6.0133	5.4565
2013	8.4271	1.9244	3.1580	5.9797	5.5108
2012	8.4264	1.9623	3.2554	5.9242	5.4317
2011	8.3760	1.9836	3.4572	6.2362	4.9470
2010	8.1731	2.0074	3.3124	6.4334	5.0736
2009	8.1389	1.8385	3.3402	6.5126	5.1698
2008	6.4665	1.1406	3.6471	7.6399	6.1059
2007	6.3566	1.3901	3.5759	7.5371	6.1402
2006	6.1151	1.4923	3.4017	7.3989	6.5920
2005	5.8607	1.6346	3.3848	7.5279	6.5920
2004	6.0940	2.0181	3.2762	6.9939	6.6178
2003	5.9676	2.1304	3.2787	6.9078	6.7155
2002	5.8302	3.2363	2.7767	6.8513	6.3055
2001	5.4452	3.1747	2.8364	7.0243	6.5195
2000	5.2156	3.3227	2.6796	7.2596	6.5225
1999	5.1050	3.1806	2.6541	7.5662	6.4941
平均	7.0240	2.0820	3.1428	6.7869	5.9643

从表 7-1 可以看出，按中心职能强度值从大到小排序为：海口>湛江>茂名>阳江>儋州，除儋州外，各城市中心性差别不大，缺乏显著的增长极城市。相关研究表明，作为增长极的中心城市应该至少为其余城市中心职能强度平均值的 3 倍以上。[①] 从变化趋势来看，海口的中心职能强度值一直是上升的，具备增长极城市的特质；湛江波动下降到 2012 年后开始缓慢上升；茂名变化情况与湛江类似，但 2012 年后变化趋势不稳定；阳江和儋州一直在低强度值波动变化。因此，"东轴" 城市群目前尚未形成类似于上海、广州、深圳之类的增长极城市。海口为省会城市、湛江定位为广东省域副中心城市，从战略上为其发展成为区域中心定下了基调。因此，海口与湛江将成为 "东轴" 城市的双增长极，两市隔海相邻，文化同源，有可能形成类似广州与佛山双城联动模式的增长极。

二 "东轴" 城市产业分工指数分析

产业分工是影响该区域经济联系较重要因素，产业分工指数也被称为克鲁格曼专业化指数，通常用来衡量区域之间的产业分工程度，并考察区域间部门或行业结构相似性。通常认为，经济发展程度不高的区域，相似性越高的产业结构，竞争性越强，反之则互补性强，其计算方法见公式 (7-4)[②]。

$$SI_{ij} = \sum_{k=1}^{n} |X_{ik} - X_{jk}| \qquad (7-4)$$

式中，SI_{ij} 为地区 i 相对于地区 j 的产业分工指数；SI_{ij} 的取值区间为 $[0, 2]$，指数值越高，表明两城市之间的产业分工与专业化程度越高，反之越小；n 为产业部门总数；k 表示产业序号；X_{ik} 表示在城市 i 中第 k 个行业占整个产业的比重；X_{jk} 表示在城市 j 中第 k 个行业占整个产业的比重。

从广东省、海南省历年统计年鉴中，收集 2012—2016 年的农林牧副渔、采矿、制造、金融、居民服务、卫生、教育、公共管理等 19 个专业部门的年末就业人员数，代入产业分工指数的计算公式 (7-4) 中，得到每年的指数，计算出五年的算术平均值（如表 7-2 所示）。

---

① 王艺、张帅：《日照市对外经济联系量与地缘经济关系的匹配分析》，《首都师范大学学报》（自然科学版）2018 年第 3 期。

② 同上。

表 7-2　　　　　　　　2012—2016 年五城市间平均产业分工指数

	阳江	湛江	茂名	海口	儋州
阳江	—	0.3401	0.2877	1.1312	1.3195
湛江	0.3401	—	0.2070	1.0006	1.2219
茂名	0.2877	0.2070	—	1.1251	1.3046
海口	1.1312	1.0006	1.1251	—	0.7163
儋州	1.3195	1.2219	1.3046	0.7163	—

从表 7-2 可以看出，粤西湛江、茂名和阳江三城市间产业结构极为相似，资源禀赋差不多，同产业内不存在产品内、工序内分工，故属于典型的竞争关系。特别是茂名与湛江，专业化指数低于 0.3，两者经济体量差不多，城市间竞争关系最为激烈。粤西三市与海南二市的产业结构有较大差异，专业化指数均高于 1，互补性强①，城市间的经济合作空间大。海口与湛江将成为"东轴"城市的双增长极，两者的互补性好，易形成双城联动模式的增长极②。与本书第六章相关结论大致相同。

三 "东轴"城市经济联系隶属度分析

经济地理学家借助于物理学家牛顿的万有引力定律模拟了区域和城市间经济联系的引力模型或者重力模型。经济地理学的引力模型是一种计算空间相互作用强度的计量方法，用来定量描述城市间的经济联系，已广泛应用于"空间相互作用"的经验研究之中③。大多数学者最常用公式如下：

$$R_{ij} = \frac{\sqrt{P_i V_i} \cdot \sqrt{P_j V_j}}{D_{ij}^2} \qquad (7-5)$$

式（7-5）中，R_{ij} 为城市与城市之间的经济联系程度，P_i、P_j 为两城市的人口指标，本书用常住人口来表示；V_i、V_j 为两城市的经济指标，本书用城市生产总值来表示；D_{ij} 表示城市到城市的距离，由于琼州海峡的天然障碍，汽车过海峡所需时间较多，故本书用汽车驾驶时间来表示。

---

① ［日］阿部和俊：《日本的城市间功能联系的发展变化及图解》，旷薇译，《国际城市规划》2007 年第 1 期。

② 颜鹏飞、邵秋芬：《经济增长极理论研究》，《财经理论与实践》2001 年第 2 期。

③ 张怀志：《滇中城市群空间经济联系与地缘经济关系匹配研究》，硕士学位论文，云南师范大学，2014 年。

式（7-5）引力模型只含 *GDP*、人口、距离等要素。隐含着的假设条件是不同城市间产业结构、信息传输能力、资金和资源的吸收能力、主要交通运输方式等其他要素等同，或者这些要素对区域间经济联系影响较小。北部湾"东轴"城市处于发育初期，均为海滨城市，信息化水平、资金和资源的吸收能力、主要交通运输方式等都无显著差异，产业分工是影响该区域经济联系较重要因素，故本书用产业分工指数（克鲁格曼专业化指数）对引力模型进行修正如式（7-6）[3]。

$$R_{ij} = \left(SI_{ij}\sqrt{P_iV_i} \bullet \sqrt{P_jV_j} \right) / D_{ij} \qquad (7-6)$$

式（7-6）算出的经济联系是带量纲的绝对指标，为了衡量某个城市与其他城市经济联系的相对重要程度，本书采用经济联系隶属度指标测算如下：

$$F_{ij} = \frac{R_{ij}}{\sum_{j=1}^{n} R_{ij}} \qquad (7-7)$$

式（7-7）中，F_{ij} 为经济联系隶属度，其中 $i \neq j$，n 为经济联系城市数量。

式（7-6）计算数据所需常住人口、城市总产值来至广东省、海南省历年统计年鉴；距离用驾车时间表示，以各城市的市政府为端点，选取高德地图导航规划的最短驾车时间作为各城市间的距离，该数据利用卫星定位获取经纬度，计算两地可达路径，具有较高的准确性与科学性。为保证城市间经济联系隶属度的稳定性，取 2012—2016 年度经济联系隶属度的算术平均值，计算结果如表 7-3 所示。

表 7-3　　　　　　　　2012—2016 年五城市间平均经济联系隶属度

	阳江	湛江	茂名	海口	儋州
阳江	—	0.3120	0.5094	0.1359	0.0427
湛江	0.1581	—	0.3202	0.4204	0.1013
茂名	0.2588	0.3178	—	0.2820	0.1413
海口	0.0753	0.4637	0.3148	—	0.1462
儋州	0.0537	0.2545	0.3593	0.3325	—

由表 7-3 可以看出各城市与其他城市经济联系度顺序，阳江：茂名>湛江>海口>儋州；湛江：海口>茂名>阳江>儋州；茂名：湛江>海口>阳

江>儋州；海口：湛江>茂名>儋州>阳江；儋州：茂名>海口>湛江>阳江。其中，海口与湛江双方经济联系隶属度都很高，均超过 0.4，均以对方排首位；阳江对茂名经济联系隶属度虽很高，但为单向，因为对茂名而言，排首位为湛江，阳江为第 3 位；儋州的经济联系隶属度比较有趣，排首位居然是间隔两座城市的茂名，原因是两城市的产业分工指数高，互补性超过距离障碍的影响，不过，与排名第 2 位的海口数值相差不大，相差仅为 0.0268，可以认为儋州的主要经济联系为海口。因此，五座城市之间的经济联系隶属度仍然还是基于传统的空间距离最短原则。

从城市间经济联系隶属度的分析可知，"东轴"城市以湛江和海口经济联系互为紧密两城市为核心，"东轴"的北部和南部城市经济联系强度单向指向核心，呈周边城市向核心城市集聚的格局。因此，湛江和海口具备增长极的经济空间分布特征，有集聚的倾向，也有发散的路径。

尽管如此，由于琼州海峡的天然阻隔，"东轴"城市湛江和海口的经济联系受到影响，是湛江"南拓"的天然障碍，也是海南国际旅游岛及未来自贸港建设进程中，拓展陆地腹地经济的最大交通阻隔。畅通琼州海峡跨海通道，可以改变雷州半岛交通末端的态势，有利于其"南拓"。以下对琼州海峡跨海通道相关问题进行探讨。

第二节　琼州海峡跨海通道研究及前期工作进展①

21 世纪是海洋的世纪。党的十八大首次将"建设海洋强国"写入大会报告中，2014 年的政府工作报告首次提出"全面实施海洋战略"，十九大报告进一步提出"坚持陆海统筹，加快建设海洋强国"。重视海洋、开发海洋开始进入我国宏观战略层面。2013 年 9 月 7 日，习近平总书记访问哈萨克斯坦时提出：要用创新的合作模式，共同建设"丝绸之路经济带"，以点带面，从线到片，逐步形成区域大合作；同年 10 月 3 日，在印度尼西亚访问时提出：愿同东盟国家发展好海洋合作伙伴关系，共同建设"21 世纪海上丝绸之路"。之后，经多方酝酿、论证，国家发展改革委、外交部和商务部经国务院授权，于 2015 年 3 月发布《推动共建丝绸之路

① 本节和本章的第四节根据作者发表在《岭南师范学院学报》2018 年第 4 期的论文《建设琼州海峡跨海通道 落实"南海丝路"倡议——基于新时代海洋强国视角》整理而来，结构有所调整。

经济带和 21 世纪海上丝绸之路的愿景与行动》。①"一带一路"是"丝绸之路经济带"和"21 世纪海上丝绸之路"的简称，由东向西贯穿欧亚大陆，东边连接亚太经济圈，西边进入欧洲经济圈。"南海丝绸之路"（以下简称"南海丝路"）位于中国和印度之间，是贯穿东南亚地区的海上航道，是海上丝绸之路的重要段落②；其中的琼州海峡又是"南海丝路"的重要环节。琼州海峡是我国三大海峡之一，位于雷州半岛和海南岛之间，长 80 千米，宽 20—40 千米，平均水深 44 米，最大深度 120 米，成为"南海丝路"重要节点城市海口与大陆交流的天堑；导致海口与湛江及北海城市之间的时空距离增加，弱化了三节点城市之间的经济联系。为促进我国环北部湾区域（包括海南、粤西和广西北部湾经济区）经济发展、特别是保障海南省跨海物质运输的畅通③，行驶南海主权和开发南海资源，琼州海峡固定式跨海通道（即隧道、桥梁或桥隧组合）建设被提上日程，并列入了国家"十二五"发展规划纲要。④ 同时，在"一带一路"倡议中，基础设施互联互通是优先领域；而琼州海峡跨海通道的建设，将促使海南省、粤西地区和广西北部湾三区域的互联互通，促进"南海丝路"倡议的落实，加速南海"蓝色国土"开发、建设海洋强国。

　　关于"南海丝路"，已有文献进行了以下几个主题探讨。其一是"南海丝路"始发港或出海港及历史线路的考证。通过史料文献研究，认为徐闻、合浦是古代南海丝绸之路的出海港（黄启臣，2000）⑤ 或始发港（王元林，2004；申有良，2004；覃主元，2006；颜洁，2013）⑥⑦⑧⑨。其

---

　　① 以下简称《"一带一路"愿景与行动文件》。

　　② 卢苇：《南海丝绸之路与东南亚》，《海交史研究》2008 年第 2 期。

　　③ 2018 年春节期间，罕见大雾让琼州海峡持续封航，叠加春节黄金周返程高峰，海口三个港口附近一度滞留上万辆汽车、数万名旅客。这一突发事件，再一次暴露出琼州海峡的通航能力受制于天气的弊端。关于琼州海峡跨海通道的建设问题再次受到热议。

　　④ 国民经济和社会发展第十二个五年规划纲要。

　　⑤ 黄启臣：《徐闻是西汉南海丝绸之路的出海港》，《岭南文史》2000 年第 4 期。

　　⑥ 王元林：《两汉合浦、徐闻与南海丝路的关系》，《广西民族研究》2004 年第 4 期。

　　⑦ 申有良：《南海丝绸之路第一港——徐闻港》，《中央民族大学学报》（哲学社会科学版）2004 年第 3 期。

　　⑧ 彭青林：《琼州海峡跨海通道：周总理的遗愿正在走向现实》，《海南日报》2008 年 2 月 12 日第 4 版。

　　⑨ 邓建华、侯小健、陈涛：《规划建设琼州海峡跨海通道大有必要》，《海南日报》2007 年 4 月 12 日第 1 版。

二是"南海丝路"的历史兴衰的原因及其对东南亚发展的作用。古代
"南海丝路"出现过三次繁荣高潮；古代东南亚社会发展，有赖于"南海
丝路"的繁荣（卢苇，2008）[①]；徐闻、合浦两港繁荣的原因可归为：西
汉时期政治稳定、经济繁荣，两港的地理位置有利于当时的海上贸易的开
展。[②] 其三是不同时期"南海丝路"的特点（陈代光，1990）[③]。其四是
新常态下"南海丝路"的重要作用。颜洁（2013）[④] 指出：在中国—东盟
自由贸易区、泛北部湾经济合作等合作框架下，中国与东南亚各国优势互
补、互通有无，经贸合作关系日趋紧密，南海丝绸之路在现当代迎来了发
展的新契机。新常态下繁荣"南海丝路"有利于提高南海主权及海权意
识、提高对南海的支配地位。

一　琼州海峡跨海通道研究进展

基于琼州海峡是"南海丝路"的重要环节，又是海南岛与大陆交流
的天堑，其通畅性、安全性自古以来就受到关注。早在 1974 年，日本成
功修建了本州岛至九州岛的折关门海底隧道。周恩来总理听到这一消息，
立即指示国务院副总理万里，组织研究修建琼州海峡海底铁路隧道的问
题。[⑤] 文献关于琼州海峡跨海通道的学术探讨主要涉及以下几个问题。

（一）琼州海峡跨海通道建设的意义和必要性

关于建设琼州海峡跨海通道的意义和必要性，2007 年 4 月，来自全
国的 23 位各领域权威专家组成的专家组在评审《琼州海峡跨海通道规划
研究报告》时提出的观点比较全面：琼州海峡公路通道是国家高速公路
网的重要组成部分，是国家能源、交通保障和服务通道，是泛珠三角地区
和中国—东盟地区的重要经济通道，是我国南海地区的重要旅游通道和军
事通道；规划建设琼州海峡跨海通道大有必要。[⑥] 之后，时任广东省委书

---

　　① 卢苇：《南海丝绸之路与东南亚》，《海交史研究》2008 年第 2 期。

　　② 申有良：《南海丝绸之路第一港——徐闻港》，《中央民族大学学报》（哲学社会科学版）
2004 年第 3 期。

　　③ 陈代光：《简论南海丝绸之路》，《地域开发研究》1990 年第 2 期。

　　④ 颜洁：《南海丝绸之路最早始发港合浦兴衰史考证》，《东南亚纵横》2013 年第 12 期。

　　⑤ 彭青林：《琼州海峡跨海通道：周总理的遗愿正在走向现实》，《海南日报》2008 年 12
月 12 日第 4 版。

　　⑥ 邓建华、侯小健、陈涛：《规划建设琼州海峡跨海通道大有必要》，《海南日报》2007 年
4 月 12 日第 1 版。

记汪洋（2008）① 指出：建设琼州海峡跨海通道是实践科学发展观的重大举措，有利于完善国家公路网和国家铁路网布局，有利于促进广东省、海南省经济社会发展，有利于拉动内需促进经济平稳较快增长。时任海南省省长罗保铭（2008）② 认为：琼州海峡跨海工程不仅对海南的经济社会发展有着重要的推动作用，而且对加强泛珠三角区域合作、促进北部湾地区发展、加快推动中国—东盟自由贸易区建设、实施国家能源发展战略等方面都具有重要意义。

（二）琼州海峡跨海通道建设的可行性

江级辉（1994）③ 从工程地质条件的角度探讨了琼州海峡隧道工程的适宜性。谭忠盛、王梦恕和张弥（2001）④ 初步探讨了琼州海峡铁路隧道方案，认为在我国现有修建隧道的技术水平与经济能力下，采用盾构法施工是可行的方案；王连山、奚正平和王空前（2013）⑤ 进一步分析了琼州海峡隧道盾构施工关键技术，陈馈（2014）⑥ 对琼州海峡隧道超大直径盾构新技术进行了展望。谢毅（2006）⑦ 认为适时建设琼州海峡固定式跨海通道能同时解决公路和铁路跨海运输问题，是必要的，且采用隧道方案技术上是可行的。

（三）不同跨海通道方案的对比

江级辉（1994）⑧ 提出了琼州海峡隧道工程四个备选方案：灯楼角—临高角方案、屿角—新海角方案、排尾角—白沙角方案、博赊角—木栏头方案。谭忠盛、王梦恕和张弥（2001）⑨ 根据琼州海峡的水深、地形、地质、地震等条件的比较，认为琼州海峡台风多、跨度大、水深大、地层条

---

① 林晓莺：《国家发改委交通运输部铁道部广东省海南省举行琼州海峡跨海通道建设会谈》，《人民铁道》报 2008 年 12 月 9 日第 1 版。

② 本刊编辑部：《琼州海峡跨海通道工程前期工作提速》，《岩土力学》2008 年第 8 期。

③ 江级辉：《琼州海峡兴建海底隧道可行性初探》，《地下空间》1994 年第 2 期。

④ 谭忠盛、王梦恕和张弥：《琼州海峡铁路隧道可行性研究探讨》，《岩土工程学报》2001 年第 3 期。

⑤ 王连山、奚正平和王空前：《琼州海峡隧道盾构施工关键技术分析》，《科技信息》2013 年第 5 期。

⑥ 陈馈：《琼州海峡隧道超大直径盾构新技术展望》，《隧道建设》2014 年第 7 期。

⑦ 谢毅：《琼州海峡跨海通道建设的思考》，《四川建筑》2006 年第 4 期。

⑧ 江级辉：《琼州海峡兴建海底隧道可行性初探》，《地下空间》1994 年第 2 期。

⑨ 同4。

件差等特点，桥梁方案受限制较多，技术难度大，且不太经济，因此，建议采用隧道方案；进一步选择了三条可能线位方案：分别为Ⅰ线、Ⅱ线和Ⅲ线（分别对应后续文献中的东线、中线和西线），分析认为Ⅱ线是较好方案。程振廷和王安媛（2008）[1] 提出了对修建琼州海峡隧道采用盾构法的意见和修建隧道工程的若干方案。郭陕云（2010）[2] 对琼州海峡盾构隧道方案工程技术要点进行了研究，提出中线铁路盾构隧道方案为首选方案，并给出了中线铁路盾构隧道方案的建议。

（四）跨海工程地质调查及地质条件分析

陈馈（2014）[3] 的调查发现：琼州海峡跨海通道穿越的地层主要以粉细砂、粉质黏土及黏土为主，砂层及黏性土中石英含量高，密实胶结；其中，第四系砂层中石英含量为 92%—99%，第三系砂层中石英含量为 65%—96%。彭金伟（2008）[4] 分析了琼州海峡的地形、地层岩性、地质构造及地震、水文地质、不良地质以及特殊岩土等条件，认为工程地质条件对修建琼州跨海工程是可行的。

（五）琼州海峡跨海通道工程融资方案

鉴于琼州海峡跨海通道耗资巨大，谭忠盛、王梦恕和张弥（2001）[5] 最早提出通过国家投资、银行贷款、外商投资和发行股票4种渠道的融资方案。孙军和陈宗旺（2008）[6] 建议采取资产证券化融资模式来解决州海峡跨海通道的资金问题。王毅武（2010）[7] 则认为引进过多的社会资本，很可能推高过桥费或延长回报期，届时，无疑将增加物流成本，不利于海南的发展；国家应该承担大部分的投资。

关于琼州海峡跨海通道的学术研究大多是关于工程技术、地质条件等方面的文献，基于社会经济发展的专门文献少。

① 程振廷、王安媛：《跨琼州海峡铁路隧道初议》，《现代隧道技术》2008 年（增刊）。

② 郭陕云：《琼州海峡盾构隧道方案工程技术要点》，《隧道建设》2010 年（增刊）。

③ 陈馈：《琼州海峡隧道超大直径盾构新技术展望》，《隧道建设》2014 年第 7 期。

④ 彭金伟：《琼州海峡固定式跨海通道地质条件分析》，《路基工程》2008 年第 3 期。

⑤ 谭忠盛、王梦恕和张弥：《琼州海峡铁路隧道可行性研究探讨》，《岩土工程学报》2001 年第 3 期。

⑥ 孙军、陈宗旺：《琼州海峡跨海通道之融资方案资产证券化》，《商场现代化》2008 年第 31 期。

⑦ 高江虹：《琼州海峡跨海通道"胎动"》，《21 世纪经济报道》2010 年 1 月 12 日第 17 版。

二 琼州海峡跨海通道前期工作进展

从 1994 年起，广东省就进行了跨海通道的前期研究，到 2002 年总共投入了 8000 多万元人民币，组织了 10 多家单位，收集了琼州海峡两岸的气象、水文、地质地貌、人文经济等各方面的大量数据，对跨海通道的方案、工程投资以及建成后可能带来的环境、经济影响开展了大量分析研究，取得了一定的成果。[1] 为研究琼州海峡的地质环境特征，为跨海工程线位选择和已选线位工程可行性提供科学的地质基础资料，广州海洋地质调查局于 1995—2001 年开展了琼州海峡跨海工程"预可"阶段和"工可"阶段的工程地质调查。[2] 由于琼州海峡跨海通道工程举世瞩目，许多媒体对其前期工作进行了持续报道。对前期工作进展情况相关报道的不完全统计如表 7-4 所示。

表 7-4 琼州海峡跨海通道前期工作时间表[3]

时间	工作内容
1994—2002 年	广东先后投入 8000 多万元人民币，开展对琼州海峡跨海通道工程的前期研究[4]
2005. 8. 30	成立了琼州海峡公路通道工程规划研究课题组[5]
2006. 6. 6	海南省省长卫留成向来自泛珠三角地区九省区和港澳特区着力推介了琼州海峡跨海通道的建设工程[6]
2006. 6. 6	琼州海峡跨海通道初步规划研究工作基本完成[7]

---

① 颜昊：《琼州海峡跨海通道呼之欲出》，《经济参考报》2006 年 6 月 7 日第 7 版。

② 石要红、郑志昌：《跨海通道工程的工程地质调查方法——以琼州海峡跨海工程地质调查为例》，《南海地质研究》2008 年（增刊）。

③ 根据报刊及网络资料不完全统计、整理得到。

④ 琼芬：《琼州海峡跨海工程规划方案原则通过公路铁路两用》，中国公路网，2008 年 6 月 6 日，http://www.chinahighway.com/news/2008/257515.php。

⑤ 侯小健：《琼州海峡跨海通道初步规划研究基本完成》，《海南日报》2006 年 6 月 7 日第 2 期。

⑥ 颜昊：《琼州海峡跨海通道呼之欲出》，《经济参考报》2006 年 6 月 7 日第 7 版。

⑦ 侯小健：《琼州海峡跨海通道初步规划研究基本完成》，《海南日报》2006 年 6 月 7 日第 2 期。

续表

时间	工作内容
2007.4.10	《琼州海峡跨海公路通道规划研究报告》专家评审会。来自全国的 23 位各领域权威专家一致认为,建设琼州海峡跨海通道大有必要、完全可行①
2007.6.6	琼、粤两省共同签署《高层会晤备忘录》,成立联合办事机构,共同推进琼州海峡跨海通道前期工作②
2008.3.7	国家发改委、铁道部、交通部、广东省和海南省签署会议纪要,一致表示将竭尽全力共同推进琼州海峡跨海通道建设前期准备工作。标志着琼州海峡跨海通道建设这一世界级的重大工程进入提速阶段③
2008.5.22	海口至洋浦 1 小时交通圈项目前期工作已正式启动,琼州海峡跨海通道工程项目进入实质性运作阶段④
2008.6.5	《琼州海峡跨海工程规划研究工作方案》和《琼州海峡跨海工程规划研究工作大纲》通过,跨海工程将统筹考虑公路、铁路两用,公路、铁路合建达成共识⑤
2008.12.8	《琼州海峡跨海工程规划研究报告》论证通过(对 13 种工程方案进行了研究比选,其中西线公铁合建桥梁方案可作为首选方案重点研究);同时建议项目转入预可研阶段,争取早日立项⑥
2009.3.12	完成预可行研究报告,拟定西线公铁两用桥梁方案,中线公铁两用桥梁方案,中线铁路隧道和西线公路桥梁方案进行比选⑦
2010.1.14	正式向国家发改委申报立项⑧
2010.2.13	琼州海峡跨海通道工程可行性研究全面展开,海陆地质勘查拟今日开钻⑨
2011.3.15	正式列入国家"十二五"规划研究建设项目⑩,原铁道部、交通运输部也分别将项目列入了全国铁路和公路"十二五"发展规划

---

①　陈涛:《琼州海峡跨海通道前期研究稳妥推进》,《中国交通报》2007 年 4 月 18 日第 1 版。

②　琼芬:《琼州海峡跨海工程规划方案原则通过公路铁路两用》,中国公路网,2008 年 6 月 6 日,http://www.chinahighway.com/news/2008/257515.php。

③　符丹萍:《琼州海峡跨海通道筹建提速》,《中国经济时报》2008 年 3 月 13 日第 1 版。

④　侯小健:《琼州海峡跨海通道工程可行性研究全面展开》,《海南日报》2010 年 2 月 13 日第 1 版。

⑤　琼芬:《琼州海峡跨海工程规划方案原则通过公路铁路两用》,中国公路网,2008 年 6 月 6 日,http://www.chinahighway.com/news/2008/257515.php。

⑥　胡键:《琼州海峡跨海通道 公路铁路合建一桥》,《广州日报》2008 年 12 月 9 日第 1 版。

⑦　胡键、岳宗:《琼州海峡跨海通道 拟定三套方案进行比选》,《湛江日报》2009 年 3 月 12 日第 1 版。

⑧　刘艳:《琼州海峡跨海通道工程申报立项》,《中华建筑报》2010 年 1 月 14 日第 5 版。

⑨　侯小健:《琼州海峡跨海通道工程可行性研究全面展开》,《海南日报》2010 年 2 月 13 日第 1 版。

⑩　《国民经济和社会发展第十二个五年规划纲要》。

通过相关的学术探讨，为琼州海峡跨海通道项目的预可行性研究及工程可行性研究奠定了理论基础，推动了琼州海峡跨海通道前期工作的顺利进行，也使以下问题逐步明朗化。

其一是修建琼州海峡跨海通道的必要性达成共识。

其二是琼州海峡隧道工程总造价估算趋于稳定。由 2001 年估价 308.2 亿元[①]变更到 2006 年的 660 亿元[②]，翻了一番；再到 2010 年的 1400 多亿元[③]（也有报道称，琼州海峡跨海工程静态投资估算是 1200 多亿元[④]），又翻了一番，但估算值趋于稳定。

其三是跨海方案基本圈定。首先，不管具体跨海线路、跨海方式（隧道或桥梁）如何，公路铁路合建达成共识。进一步，通过对最初的隧道工程四个备选方案[⑤]、到三条可能线位方案[⑥]、再到《琼州海峡跨海工程规划研究报告》提出的 13 种工程方案[⑦]进行了研究筛选，拟定西线公铁两用桥梁方案，中线公铁两用桥梁方案，中线铁路隧道和西线公路桥梁方案进行比选[⑧]，跨海方案基本圈定。

第三节 琼州海峡轮渡运输现状、问题和对策[⑨]

琼州海峡作为我国三大海峡之一，地处要冲，连通海南、广东两省，位居世界上最繁忙的海峡之列；畅通琼州海峡对粤、琼两省的发展都有举足轻重的作用。2010 年《国务院关于推进海南国际旅游岛建设发展的若

---

① 谭忠盛、王梦恕和张弥：《琼州海峡铁路隧道可行性研究探讨》，《岩土工程学报》2001 年第 23 卷第 2 期。

② 谢毅：《琼州海峡跨海通道建设的思考》，《四川建筑》2006 年第 4 期。

③ 高江虹：《琼州海峡跨海通道"胎动"》，《21 世纪经济报道》2010 年 1 月 12 日第 17 版。

④ 刘艳：《琼州海峡跨海通道工程申报立项》，《中华建筑报》2010 年 1 月 14 日第 5 版。

⑤ 江级辉：《琼州海峡兴建海底隧道可行性初探》，《地下空间》1994 年第 2 期。

⑥ 谭忠盛、王梦恕和张弥：《琼州海峡铁路隧道可行性研究探讨》，《岩土工程学报》2001 年第 3 期。

⑦ 胡键：《琼州海峡跨海通道 公路铁路合建一桥》，《广州日报》2008 年 12 月 9 日第 1 版。

⑧ 胡键、岳宗：《琼州海峡跨海通道 拟定三套方案进行比选》，《湛江日报》2009 年 3 月 12 日第 1 版。

⑨ 本节内容根据王亚新与笔者合作发表在《岭南师范学院学报》2018 年第 4 期的论文《琼州海峡渡轮运输现状、问题和对策》整理而来。

干意见》发布后，琼州海峡交通流量每年增幅普遍超过10%。琼州海峡海上航线的通航能力和运输效率对海南经济社会发展的重要作用愈加显现。2018年春节期间，雾锁琼州海峡长达7日，造成数万旅客车辆滞留海口，琼州海峡海上通航能力现状与海南国际旅游岛的需求之间的矛盾以一种极端的方式摆在我们面前。关于琼州海峡跨海通道的建设问题再次受到热议。

早在1974年周恩来总理就提出了琼州海峡跨海通道建设问题[①]，之后粤、琼两省也做了许多前期工作[②]，但受到多种因素的制约，短期内难以付诸行动。在没有固定式跨海通道的前提下，如何依托现有航线提高琼州海峡海上通航能力和运输效率，从体制和机制上满足两岸客货渡海需要，成为琼州海峡两岸粤、琼两省的重要课题。通过实地调研，在第一手数据基础上，从琼州海峡轮渡运输业的产业特征入手，分析琼州海峡轮渡运输现状和政府干预模式，最后提出提升琼州海峡轮渡运营效率的建议，为确定长期有效的琼州海峡轮渡运输市场机制提供支持。

一　琼州海峡轮渡运输业的产业特征和政府监管

随着社会主义市场经济体制的建立，政府逐渐从竞争性领域退出，但是政府对包括琼州海峡轮渡在内的运输业的干预程度仍然比较高，这种干预建立在对行业产业特征认识的基础上。

（一）海峡轮渡业的产业特征是政府干预的基础

琼州海峡轮渡运输业有三个突出特征：

1. 基于航道资源供给约束的自然垄断性

由于技术和资金限制，琼州海峡泊位和航线建设速度缓慢，有限的航线和泊位资源难以承受过多的竞争，从而导致了行业的自然垄断性。为了有效利用航道资源，限制不正当竞争，防止市场秩序混乱和不规范的运输经营行为，以充分利用船运公司的资源实现规模经济，并防止重复投资和浪费，需要政府干预。

[①]　彭青林：《琼州海峡跨海通道：周总理的遗愿正在走向现实》，《海南日报》2008年12月12日第4版。

[②]　琼芬：《琼州海峡跨海工程规划方案原则通过公路铁路两用》，中国公路网，2008年6月6日，http://www.chinahighway.com/news/2008/257515.php。

2. 外部效益明显的公共物品

琼州海峡轮渡运输是海南与大陆人流、物资流的主要通道，关系到海南经济发展和海南人民长远利益，其外部效应巨大。同时，进出岛人流和物流有淡、旺季之分，完全由运输市场提供过海服务，就会出现淡季渡海困难。因此需要对航运企业进行必要的保护，对价格、运次等实施必要限制，以保证渡海运输淡、旺季之间的平衡。同时，航运公司必须付出额外成本以保证运输安全。如果政府不予规制，轮渡市场有可能陷入恶性竞争，航运公司可能为了各自经济利益而降低对于安全等隐形成本的投入，从而留下隐患。因此保障运输平稳、安全，要求政府对轮渡运输行业进行干预。

3. 居于琼州海峡综合运输体系中的绝对主导地位

建设更通畅、安全、便捷的琼州海峡通道，一直受到我国政府关注。近年来，专家们对琼州海峡工程地质条件、不同跨海通道方案以及琼州海峡跨海通道工程融资方案进行了研究，并形成了《琼州海峡跨海通道规划研究报告》[1]。但是，由于工程造价大（有报道称，琼州海峡跨海工程静态投资估算是 1200 多亿元[2]），技术难度大，地质条件恶劣，跨海通道项目迟迟无法动工。因此，轮渡和航空过海仍旧是不可替代的过海方式。

在航空、轮渡两种过海方式中，轮渡处于绝对主导地位。从客运方面看，虽然航空运输以其时间和运距优势而增长比较快，但是随着高铁线路在粤西与琼州海峡轮渡接驳，轮渡+铁路（或其他运输方式）的低成本、灵活性、大众化特点，使轮渡运输竞争力持续提升。从货运市场来看，价格优势和装卸便利，支撑了 90%以上岛民生活物资从琼州海峡运输进岛，[3] 即轮渡渡海的优势支撑了它在过海运输中的绝对优势地位，成为海南与内地交通主要方式。

（二）政府对琼州海峡跨海轮渡运输业的监管

一般来说，将具有自然垄断性、外部效益明显的公共事业部门作为特殊的物质生产部门进行管理，是各国政府通行的做法。政府对这类产业的

---

① 琼芬：《琼州海峡跨海工程规划方案原则通过公路铁路两用》，中国公路网，http://www.chinahighway.com/news/2008/257515.php。

② 刘艳：《琼州海峡跨海通道工程申报立项》，《中华建筑报》2010 年 1 月 14 日第 5 版。

③ 要闻：《琼粤共推琼州海峡港航一体化 2018 年年底全面完善对接港区功能》，《中国交通报》2016 年 10 月 20 日第 4 版。

干预方式有两种：一是实行国有国营，二是对由私人经营的市场进行严格的管制。[①] 但是，由于国有国营和政府管制模式导致竞争丧失，以致经营效率低下和社会福利损失，因此自 20 世纪 70 年代以后，各国政府对包括交通运输业在内的自然垄断行业进行了改革，通过或私有化或放松管制的方式，将行业细分并将竞争性业务向市场开放，实现规模经济与有效竞争相兼容，提高了资源配置效率和社会福利收益。[②]

我国政府对琼州海峡轮渡运输业的管理，也经历了从国有国营变为政府监管下的企业运营的改革过程。目前，负责琼州海峡轮渡运输市场监管的部门是国家交通运输部，具体管理由交通部珠江航务管理局会同海南省、广东省交通运输厅监督管理，两省交通厅分别成立了各自的海峡轮渡运输管理办公室，其主要职责是对跨海轮渡运输进行运输秩序监管。对轮渡运输管理部门还有港航管理局，它的主要职责是对从事港口经营的单位和个人的经营资格进行审批或者审核上报，以及对违反港口、航道以及水路运输相关法律法规行为实施行政处罚。另外，港航、安监、海洋、航道、海事、环保等多个部门也在各自职责范围内，对跨海轮渡运输行业进行相关监管。[③] 2013 年，两省交通运输厅根据《交通运输部关于加强琼州海峡客滚运输市场管理的意见》及两省有关规定，以安全有序、公平竞争为原则，按照"轮班运营、定时发班"模式，制订了琼州海峡客滚船舶轮班运行实施方案，即"大轮班"模式，并一直沿用至今。

二　琼州海峡轮渡运输市场格局

客货渡海服务由港口和船舶运输联合提供，因此，琼州海峡跨海轮渡运输市场由港口和船舶运输企业共同构成。下面从港口设施、船舶运力、航线和调度三方面对琼州海峡轮渡市场格局进行分析。

（一）海峡两岸港口设施情况

在琼州海峡的北岸，即海安有三个运行港口和一个在建港，分别是海安港、海安新港、粤海铁路北港和南山港。其中粤海铁路北港是火车轮渡

---

① 课题组：《我国民航运输企业改革与重组的思路研究》，《管理世界》2000 年第 4 期。

② ［日］植草益：《微观管制经济学》，朱绍文等译，中国发展出版社 1992 年版，第 184 页。

③ 骆义、焦芳芳和梁玉洁：《琼州海峡客滚船运输的运营模式和管理机制》，《水运管理》2015 年第 11 期。

码头，其他港口是汽车轮渡码头。在琼州海峡南岸，即海南海口，有三个港口，分别是秀英港、新海港和粤海铁路南港，其中粤海铁路南港与粤海铁路北港相对应，是铁路轮渡码头；秀英港和新海港与北岸的海安港、海安新港和南山港对应，是轮渡客滚运输码头；由此也形成了琼州海峡客货运输的两条航线：铁路客滚运输和轮渡客滚运输。

为提升琼州海峡运输能力，改善多港同时作业、港口服务设施和服务标准不统一问题，两岸以新港建设为契机，对港口功能进行了整合。海口新海港投入使用后，其功能定位为对标海南国际旅游岛建设的旅游中心，其运输功能也在原来的客货滚装、危险品运输的基础上，增加快船泊位、水上飞机泊位和消防站点等配套功能。截至 2018 年 11 月，徐闻南山港项目已完成总投资的 73.2%；该项目投入使用后，南山港将成为中国最大的客滚运输码头，统一管理琼州海峡客货滚装运输业务，海安港则调整为以滨海休闲为主的游艇或邮轮码头，成为城市休闲娱乐区的组成部分，海安新港规划为通用码头区，主要承担徐闻腹地物资的接卸。

表 7-5　　　　　　　　　　琼州海峡港口基本情况表

区位	港口名称	所属企业	泊位数量（个）	设计吞吐量
海峡南岸	秀英港	海南港航控股有限公司（海峡控股）	11	车辆 180 万辆次、旅客 800 万人次
	新海港		21	车辆 320 万辆次、旅客 2200 万人次
海峡北岸	海安新港	海安新港港务有限公司（广东双泰、广东路桥等）	9	车辆 144 万辆次、旅客 755 万人次
	海安港	广东徐闻港航控股有限公司	9	分为客运、车渡、货运三个作业区，设计吞吐量是 2750 万吨
	南山港	湛江徐闻港有限公司	16+1	车辆 320 万辆次、旅客 1728 万人次。
粤海铁路南北线	粤海铁南北港	粤海铁有限责任公司	4	每日 15 对航班，每艘航班满载 42 节货物列车或 21 节旅客列车，滚装 20 吨汽车 65 辆，输送散客 1253 人

注：南山港"+1"指一个危险品专用泊位。

（二）客滚船舶运输能力

客滚运输业务指需要通过专门港口和客滚船舶来联合提供运输车辆、乘客和小宗散杂货物等的服务。琼州海峡铁路客滚运输航线由港航一家的粤海铁公司运营，拥有4艘大型列车、滚装运输船舶，平均载货量5655吨、1406个客位和75辆车位。铁路客滚运输航线实行固定班轮运输，每天15班次。轮渡客滚运输航线由海口和广东各3家航运企业运营，共有49艘客滚船舶。其中，海南方拥有船舶20艘，分别是海南海峡航运股份有限公司15艘、海口能运船务有限公司3艘、海南祥隆船务有限公司2艘，合计运力是900车位、19096客位。广东方拥有船舶29艘，分别是广东双泰运输集团有限公司12艘、徐闻港航控股有限公司9艘、徐闻海运有限公司8艘，合计运力达到1300车位、24202客位。极限情况下，轮渡客滚运输航线港口和船运公司24小时满负荷运转，一天最多曾发班船约150个，单向运送车辆2.2万辆次、11万人次。琼州海峡航运企业客货运力见表7-6。

表 7-6　　　　　　　　琼州海峡航运企业客货运力一览表

线路	企业名称	船舶规模		运力规模	
		总艘数	万吨船舶数	车位数（辆）	客位数（人）
海口至海安航线	海南海峡航运股份有限公司	15	9	650	14302
	海口能运船务有限公司	3	1	150	2938
	海南祥隆船务有限公司	2	0	100	1856
	小计	20	10	900	19096
	广东双泰运输集团有限公司	12	2	522	9555
	徐闻港航控股有限公司	9	6	418	7953
	徐闻海运有限公司	8	2	360	6694
	小计	29	10	1300	24202
	合计	49	20	2200	43298
粤海铁南北线	粤海铁路有限责任公司	4	4	22620吨载货量，302车位	5626

（三）琼州海峡客货运输航线和调度

1. 琼州海峡航线情况

琼州海峡客货运输航线共2条，其中，琼州海峡铁路客货滚装运输航线，自粤海铁南港至北港，航程13海里（24公里），一天最大开行15

对，可运送货物 84825 吨，20 吨汽车 1133 辆次，散客 21098 人次。轮渡客滚运输航线，航程 18 海里（33 公里），由于目前徐闻南山港正在建设中、未能使用，北岸船舶需要停靠海安港，因此暂时航线距离为 24 海里。客滚轮运输航线一天最多约发 150 个航班，最大运送能力为车辆约 2.2 万辆次，11 万人次。

2. 琼州海峡客滚船调度规则

琼州海峡铁路客货滚装运输航线即西线，由粤海铁路有限责任公司进行港航一体运营，客货渡海实行固定班轮，客货装船实行先到先得原则，轮渡秩序井然，与海峡东线客滚运输形成了激烈竞争。

轮渡客滚运输航线即东线，由海南和广东两省共同运营，双方需要共用对方港口进行客滚运输。2013 年 8 月 1 日起，东线两岸所有船舶实行"大轮班"制度。"大轮班"制度即"轮班运营、定时发班"模式，其基本秩序是"船舶装载、卸载，以船舶到港先后顺序为基本秩序；港口泊位调度以作业船舶优先于非作业船舶、卸载船舶优先于装载船舶为基本秩序，在不影响船舶到港卸载情况下，已卸载的船舶原则上安排就地待装；旅客和车辆乘船渡海以到港先后顺序为基本秩序。当适用泊位紧张影响船舶卸载时，港口调度应提前在靠泊适用泊位的非作业船舶中依次将最后一班排班待装载船舶调离泊位。船舶开始装载至结束装载的时间不得超过 1.5 小时。

由于北岸广东省有船舶 29 艘，而南岸海南省只有船舶 20 艘，交通部为了照顾海南省的利益，额外增加 3 艘海南船舶的排班运营指标。因此，一个轮班运营周期共 52 个班次，其中广东 29 班次、海南 23 班次。[①]

综上所述，琼州海峡已经形成了由港口经营企业、船舶运输企业组成的轮渡运输市场，但是存在南北两岸港口基础设施不对等、船舶运输企业运力不对等，以及琼州海峡航线资源有限、客滚船调度规则照顾地方利益等问题，必然影响到轮渡运输市场运行效率。

三 琼州海峡轮渡运输市场存在的问题及原因

（一）琼州海峡轮渡运输市场存在的问题

1. 琼州海峡轮渡服务模式难以适应运量淡旺季需求变化

琼州海峡渡海运输有淡旺季之分，每年的 12 月至次年 5 月为运输旺

---

① 高迪：《琼州海峡轮渡服务竞争策略研究》，硕士学位论文，华南理工大学，2016 年。

季，属于海南瓜果菜货车出岛高峰期，春节黄金周为旅客进出岛高峰期。2017 年 2 月，日最高进出港流量高达 3.37 万辆次，是淡季的 4.8 倍，日进出旅客达 15.89 万人次，是平均流量的 4.3 倍。① 目前，两岸船运公司拥有的都是 4500—12000 吨级的普通客滚船，货车、客车和人员混装，船型单一，以至于人、车过海只有客滚船一种方式。这种运输模式既满足不了运输淡季时高效服务需求，也满足不了运输旺季时的应急疏运要求，以致淡季运力闲置，旺季无法快速疏运。而琼州海峡船舶大型化趋势有增无减，大型船舶虽然运输能力强，但是装卸耗时长，这就在泊位有限的情况下埋下了旺季无法快速疏运的隐患。例如，2018 年春节黄金周因雾停航之后，面对单日出岛量暴增需求，海峡疏运能力和方式无法适应，致使轮渡供需矛盾集中爆发。

2. 航道安全保障风险日益严峻

琼州海峡轮渡为南北向航道，淡季每天进出港航班约 110 个，旺季达到 248 个，相当于不到 6 分钟一个航班，同时还有货船、集装箱船与客滚轮共用航道。海峡中还有东西向船舶每年 4 万多艘次，另外，整个海域还有来往渔船和分布无序的渔网。繁忙的海上交通给琼州海峡轮渡通道带来了极大的安全风险和交通压力。

目前，琼州海峡两岸仅有一艘南海救助局海上救助船泊，该船舶救助范围包括整个南海。如遇到琼州海峡水上安全突发事件，南北两岸无法短时间做出有效救援。

3. 两岸港务调度信息隔绝致调度低效

西线即琼州海峡铁路客货滚装运输航线由粤海铁公司实行港航一体运营，车、客调度秩序井然。相对西线，东线客滚运输调度和运输效率相对较低。

港口调度的功能在海峡轮渡运营中负有关键作用。从功能来看，港口调度首要功能是调度装载，它决定船舶配载哪些货物。其次是控制船舶装载时间。根据《琼州海峡客滚船舶轮班运行的实施方案》要求，任何船舶装载时间必须控制在 90 分钟之内，港口调度中心负有控制装载时间的功能。再次，调度船舶进出港顺序。由于泊位分散在两岸 4 个港口中，调

---

① 雾锁琼州海峡凸显运力瓶颈 海南广东港航一体化提速，中国海洋经济信息网，2018 年 2 月 24 日，http：//www.cme.gov.cn/info/2095.jspx。2018 年 12 月 20 日。

度中心要根据船舶和泊位条件，调度锚地等待船舶进入具体泊位，也就是调度中心决定了船舶等待时间。但是，两岸港口分属两省，港务调度中心囿于各自省区利益，在信息采集及使用上采取了相互封闭政策，致使两岸港口调度无法共享信息，导致海峡运输效率大为降低。

港口调度部门信息独占，相互封锁，造成三方面效率损失。首先，轮渡需求者在信息匮乏情况下，无法有效率地选择轮渡时间、过渡港口和航次，在需求旺季极易造成恐慌性压港和长时间集中等待登船；其次，港口无法预知对方发出待进本港班船信息，以致进港调度无法对泊位预先统筹优化，无法预配载，装卸无法计划，泊位使用效率受到严重影响。最后，船运企业也无法提前预判市场流量，无法对运力进行统筹规划和调度组织。

信息独占、信息隔绝情况下，港口调度事务事实上无人监管，为机会主义行为带来极大可能，而这样的可能也激励了航运企业为各自利益采取机会主义策略，力图通过与港口调度部门采取私下协商的办法，争取在轮船排班和货物装卸上寻求对自身利益最大化的安排。出现了船舶在本省尤其是本公司码头装卸车客优先；装载能力大的船舶在本省班次加密，但在外省码头或其他公司码头装卸车客时得不到及时排班。这种情况当"港航一家"时，尤其突出。当船舶在非本省码头得不到装载机会，则采取空船回本港的方法抢夺客货资源，所致"空航"不仅导致资源浪费，也为航道安全带来隐患。

4. 琼州海峡实际运力已接近港口运输能力上限

随着海南经济的不断发展，琼州海峡客滚运输每年进出岛车辆和旅客总量都持续增长，表7-7是2008年以来琼州海峡进出岛车、客流量。

表7-7 　　　　　　　2008年以来琼州海峡进出岛流量统计表

年份	进出岛车运量		进出岛客运量	
	车运量（万辆）	年增幅（%）	客运量（万人次）	年增幅（%）
2008	110.1	—	796	—
2009	117.4	6.63	850	6.78
2010	137.6	17.21	1077	26.71
2011	155	12.65	1251	16.16
2012	163	5.16%	1260	0.72
2013	185	13.50	1271	0.87

续表

年份	进出岛车运量		进出岛客运量	
	车运量（万辆）	年增幅（%）	客运量（万人次）	年增幅（%）
2014	204	10.27	1332	4.80
2015	226	10.78	1318	-1.05
2016	256	13.27	1353	2.66
2017	303	18.36	1498	10.72

　　由表7-7可见，2017年车运量比2008年增长了175.2%、客运量增长了88.2%。尤其是自2010年国务院发布《国务院关于推进海南国际旅游岛建设发展的若干意见》后，琼州海峡交通流量每年增幅普遍超过10%。2017年，琼州海峡进出岛车辆约303万辆，增幅达到18.36%；运输人员1498万人次，增幅达到10.7%。海口市交通运输部门预计，到2020年琼州海峡进出岛车运量将达到469万辆，进出岛客运量将达到1922万人次，目前设计的港口吞吐能力届时将很难应对。

　　（二）原因分析

　　琼州海峡轮渡运输市场存在上述问题的原因非常复杂。下面我们从政府干预、市场竞争和社会监督三个方面进行分析。

　　1. 政府干预低效

　　如前所述，由于海峡轮渡所具有的自然垄断性、极强的外部性以及在陆岛交通中的重要地位，因此政府通过设立监管部门、明确监管职责、出台《交通运输部关于加强琼州海峡客滚运输市场管理的意见》、实施"大轮班"运营模式等途径，对琼州海峡轮渡运输市场进行干预。但是从市场运转的角度来看，政府干预存在三个方面问题：

　　首先是多部门监管下，职能交叉而致监管效率低下。琼州海峡轮渡运输市场监管，涉及港航、安监、海洋、航道、海事、环保等多个部门，虽然经过多年实践，逐渐形成了在市场监督管理方面分别由两岸琼州海峡轮渡运输管理办公室（以下简称海峡办）为主，港航管理局为辅的管理分工，但是监督管理权、经营资格审批权与行政处罚权在管理部门间的分离，降低了监管效率。

　　其次是两岸分属两省，行政区划管理加大监管成本。琼州海峡两岸交通运输事务事实上是由两省各自的海峡办进行日常监管，这样两个平行、对等机构，站在各行政区利益上对同一问题进行协商，必然会出现不协调、不统一、不同步的问题，加大了监管成本。

最后是地方保护主义，追逐本地利益加大监管难度。两岸企业分属两省，行政壁垒与地方利益叠加，形成了严重的地方保护主义。在目前实施严格的进入规制前提下，自发形成了以省为单位，港口和船运公司抱团争抢运输量，两岸间互相排挤的恶性竞争。政府相关部门、港口及船运公司的这种自发、全面参与，使得市场秩序监管的难度非常大。

2. 市场竞争失序

琼州海峡渡海运输市场竞争主体可以划分为两个层面，即东、西线之间竞争和东线内部的竞争，竞争主体包括粤海铁有限公司和轮渡客滚运输航线南北两方的9家公司。从市场竞争来看，由于轮渡服务由港口、船运公司共同提供，因此在东西线竞争同时，最主要的竞争存在于东线9家公司之间。进一步分析东线竞争情况，发现资格审批制和"大轮班"制度下，由于市场需求旺盛，企业实际上是"坐地收钱"，没有营销概念和质量意识。企业之间的竞争主要在空间位置、航线安排、港口装卸服务、船舶载重量上，而决定竞争结果的除船舶载重量外，其他因素基本由港口调度部门决定。在有限的竞争空间下，竞争失序表现在港口企业，主要是不能认真遵守和按照"大轮班"规则进行船舶进出港和装卸货物调度，为船运企业采取机会主义行为，抢夺市场利益留下隐患；从船运企业看，利益本位和机会主义动机，除了力图与港口企业形成利益集团之外，船运企业会想方设法提高运力；近年来琼州海峡轮渡船舶大型化，就是这一竞争结果；船运企业还会忽视船舶运输服务的舒适度和便捷性，缺乏积极有效的员工素质提升规划，只重视运输数量，忽视运输服务。

3. 社会监督失灵

一方面，琼州海峡位于我国版图的南端，居于广东和海南两省边缘，很难成为两省日常社会监督的焦点；另一方面，来往琼州海峡的客货资源中，主体以外埠人居多，他们也很难成为海峡轮渡运输市场社会监督的有效力量。

四　提高琼州海峡轮渡运输市场效率的建议

尽管对海峡轮渡运输业的产业特征、规模收益特点和市场竞争规律还需要深化认识，对于轮渡运输市场进行规制的经验还需要进一步积累，但是就目前来看，提高海峡轮渡运输业资源配置效率和服务效率，可以从以下三方面着手。

（一）创新琼州海峡运力资源监管体制，提高行政配置资源效率

抓住港务管理这个琼州海峡运输行业核心环节，打破地方保护主义形成的利益藩篱，建议由广东、海南两省政府共同出资整合现有港务资源，成立琼州海峡港务集团公司，将现有东线两岸港口企业及基础设施进行合并重组，以现代企业制度进行管理，经营琼州海峡两岸港口和航道，对轮渡运输安全进行监管和实施救援，统一规划和组织实施港口设施建设。同时，在交通部授权下，根据航道和港口资源条件，对航道使用权采取特许经营或其他方式进行控制，保证轮渡运输市场秩序。

改变利益背离、政令不一、协调成本过大的旧体制，建议交通部珠江航务管理局下设琼州海峡轮渡监管办，取代原两省海峡办，统一履行琼州海峡运输监管职责。琼州海峡轮渡监管办主要职责是监管港务部门港口和航道建设规划，监督港口按章作业、安全生产，加大港航信息化建设，提高港口和航道运营的公开和透明度，创造社会对港航企业监督条件。对违反运营法规、破坏运营秩序的行为进行惩戒，保证琼州海峡轮渡安全、快捷。

（二）创新客货运输方式，建设分层竞争的轮渡运输市场

一要改变企业"一旦进入、坐等收钱"的竞争态势，扩大竞争领域，建设分层运输市场。二要按照国际旅游岛规划目标要求和自由贸易港功能，在保证港航运输条件下，逐渐实施客货分流。按照客运公交化、快速化要求，提供快速、便捷的客流渡海服务。三是探索自驾车人车分离过海模式下的车、人接驳服务，同时在海南岛内培育便捷的公共交通体系、便捷的租车服务，减少和控制进岛自驾车辆。

（三）建立突发事件预警机制，规范应急机制

琼州海峡航道不畅往往发生在一年中节假日和突发天气情况下，而对社会生活影响较大的则是两种情况重叠之时。因此，当务之急是建立针对恶劣天气的预警和运转顺畅的应急机制，针对特殊时点，减轻和缓解海峡运力矛盾。建议一是加快建设以大数据、互联网等现代信息技术为支撑的琼州海峡港航运输大数据平台，实现天气信息与运输运力信息实时共享，实现客货渡海预约、船舶进出港调度、装卸船监控、航道监管等全航程信息化；二是在春节小长假期间，建立进、出岛车辆配额制度。根据历史数

据，科学测度和提出日进、出岛车辆限额；三是在完善琼州海峡港航运输大数据平台基础上，实行进、出岛配额网上分配制度。可以借鉴火车票网上预售的办法，先到先得，有计划地组织车辆进、出岛；四是尽快实现敏感期人、车分流，优先疏散人流，尽快缓解压港现象。

第四节　建设琼州海峡跨海通道的新时代战略意义

党的十八大报告提出，"提高海洋资源开发能力，发展海洋经济，保护海洋生态环境，坚决维护国家海洋权益，建设海洋强国"。2014 年的政府工作报告指出，"海洋是我们宝贵的蓝色国土。要坚持陆海统筹，全面实施海洋战略，发展海洋经济，保护海洋环境，坚决维护国家海洋权益，大力建设海洋强国"。十九大报告进一步提出，"坚持陆海统筹，加快建设海洋强国"。一系列关于海洋开发的宏观政策出台，意味着我国国土开发进入了"建设海洋强国、开发蓝色国土"的新时代。占我国海洋面积 70% 左右的南海，将是建设海洋强国、开发蓝色国土的主战场。

历史的经验表明古代"南海丝路"的繁荣离不开航线的安全和各始发港（出海港）经济繁荣及交通便利。琼州海峡跨海通道将从以下几方面促进"南海丝路"倡议的落实、加快我国蓝色国土开发、建设海洋强国。

一　行使南海主权、维护南海区域安全

无论是发展海上贸易以促进"南海丝路"倡议，还是发展海洋经济以开发蓝色国土，都离不开南海区域的稳定与安全。对于中国来说，南海不仅是中国南行航线和西行航线进出本土的门户，而且是中国东南部战略防御的前哨阵地和华南地区的海上屏障，获得对南海的支配地位，可使中国的战略防御纵深向南推进数百海里，对于保障经济安全、军事安全有重要意义。[1] 加强琼州海峡战略通道建设，对于发挥海南岛后方基地功能，从而实现前后衔接、攻防兼备、纵深配置的一体化战场综合保障体系具有

---

[1]　杜德斌、马亚华：《"一带一路"：中华民族复兴的地缘大战略》，《地理研究》2015 年第 6 期。

支撑作用；对于提高驻南海部队日常补给保障效益具有关键作用。①

琼州海峡跨海通道的建成将使海南岛变成海南半岛，相当于大陆向南海延伸 300 多公里。各种战略物资可以全天候、无障碍、高效率通过琼州海峡；不仅可以有效支持我国的海防力量向南海区域纵深延伸，而且还能为海南文昌卫星发射基地提供运输保障。结合新时代我国海军的崛起，有效地行使南海主权，维护南海区域航行和资源开发的安全。为"南海丝路"倡议和蓝色国土开发保驾护航。

二　提高"蓝色国土"意识、推动国土开发重心南移

我国海洋面积约 300 万平方公里，占陆地面积的三分之一左右，其中南海中我国领海总面积约 210 万平方公里，约占我国海洋总面积的 70%。被喻为"蓝色土地"的海洋，蕴藏丰富的油气、矿产、生物及滨海旅游等海洋资源，是未来我国社会经济可持续发展重要后备资源储藏地；此外，南海还是我国极其重要的战略运输生命线。要利用各种宣传手段让民众了解南海、熟悉南海，让民众知道南海对于我国的战略意义，提高海洋意识。韩东林（2015）认为：提升国民的关注意识，是建设海洋强国最根本的基础要素。最好的方式当然是依托海南岛，开发南海岛礁旅游，让国民在实地体验行使南海主权的前提下领略蓝色国土的魅力，提高"蓝色国土"意识、建设海洋强国。②

琼州海峡跨海通道建设使海南岛与大陆的经济联系结束"孤岛模式"，走向"半岛模式"状态，内地民众去海南岛的时间和费用都会有所节省——去三亚更容易了，使民众心理上的祖国大陆最南端由雷州半岛的徐闻延伸到海南岛的三亚。同时，通过滨海旅游、海洋资源开发等经济活动，加大我国南海区域人员流动，提高民众对南海的主权意识和蓝色国土意识，同时推动了国土开发重心南移。

三　提高区域联系度、形成新经济增长极

琼州海峡跨海通道的建设，能提高海南岛、广西北部湾及粤西地区城

---

①　郑旭、周飞飞、孙跃坤：《关于琼州海峡战略通道建设的思考》，《军事交通学院学报》2016 年第 4 期。

②　韩东林：《建设海洋强国需提升国民关注意识》，《人民法治》2016 年第 6 期。

市经济联系度，形成新经济增长极。目前海南岛与大陆的交通联系仅限于海运和空运，尽管开通了一些列车线路，但也是通过渡轮摆渡过海的；空运的费用高、海运耗时长，且都受到气候和线路的限制。所以，无论是广西北部湾经济区，还是海南国际旅游岛，由于经济联系弱，未能发挥相互影响的辐射作用，经济融合态势远未形成。

　　自古以来琼州海峡就是海南岛与大陆联系的天堑。琼州海峡一年有80余天为浓雾和暴风雨、大风浪天气，最多一次持续时间达3—4天，轮渡必须停航。① 严重阻碍了海南岛与大陆之间的人员和物资交流。现在依靠渡轮通过琼州海峡，候船和行船时间需要3—5个小时；跨海通道建成后，驾车跨越琼州海峡只需20分钟，而且是全天候的，不受浓雾或风浪的天气影响（除台风天气之外）。此外，广东与海南双方因运力不对等而产生的恶意竞争导致整个琼州海峡客滚运输的服务水平低下②，人为降低了通行效率。琼州海峡跨海通道的建设，缩短了雷州半岛与海南岛的时空距离，将改变海南岛、雷州半岛及广西北部湾区域的经济格局，并加强区域内各城市间的经济联系度，促进海南岛、广西北部湾及粤西三区域的融合。在我国沿海轴线上，形成新经济增长极，与处于较为成熟阶段的环渤海湾经济增长极首尾相应，完善我国沿海地带点轴式发展势态。海南岛、广西北部湾区域及粤西地区的经济发展，将为"南海丝路"提供相应的供给与需求，推动"南海丝路"倡议的落实。

　　总之，琼州海峡跨海通道的建成将有利于我国控制南海、行使南海主权、维持南海稳定。南海的稳定有利于海南、广西北部湾及粤西区域特别是海南（及三沙市）大力发展海洋旅游业、海洋渔业、海洋交通运输业，促进区域经济发展。该区域经济发展又能繁荣"南海丝路"、加速南海"蓝色国土"开发、建设海洋强国，进一步推动我国经济重心、国土开发重心南移。

第五节　本章结论与建议

　　经过研究得到以下结论：

---

① 谢瑞振：《琼州海峡跨海工程前期工作调研》，《广东公路交通》2000年第1期。
② 蔡文学、李君、高迪：《琼州海峡客滚运输轮渡竞合策略研究》，《物流工程与管理》2017年第9期。

第一，尽管北部湾"东轴"城市仍处于初期发展阶段，但湛江和海口的经济联系紧密，是湛江"南拓"的基础。从空间经济关系的城市中心性、产业分工指数和经济联系三方面分析可知，北部湾"东轴"城市仍处于初期发展阶段，尚未形成显著增长极特征的中心城市，粤西三座城市同质化竞争激烈，湛江和海口表现出双城联动模式的增长极形成趋势。北部湾"东轴"城市区域经济发展应打造点（增长极），并形成点—轴发展态势，成为湛江"南拓"发展的空间路径，也为未来北部湾及广东沿海经济带城市群网状开发打好基础。

第二，琼州海峡跨海通道前期工作进展顺利，取得以下标志性成果：一是修对建琼州海峡跨海通道的必要性达成共识；二是琼州海峡隧道工程总造价估算趋于稳定；三是跨海方案基本圈定。

第三，鉴于渡海服务由港口和船舶运输联合提供，从港口设施、船舶运力、航线和调度三方面分析了琼州海峡轮渡市场现状和问题：轮渡服务模式难以适应运量淡旺季需求变化、航道安全保障风险日益严峻、两岸港务调度信息隔绝致调度低效、实际运力已接近港口运输能力上限。引起上述问题既有政府干预低效及市场竞争失序原因，也有社会监督失灵的问题。

第四，琼州海峡跨海通道建设，将在以下三方面起到落实"南海丝路"倡议、推动十九大报告提出的"陆海统筹、建设海洋强国"战略的实施。一是有利于我国行使南海主权、维护南海区域安全；二是有利于提高"蓝色国土"意识、推动国土开发重心南移；三是有利于提高区域联系度、形成新经济增长极。

第五，综合考虑前面的研究，我们认为区域副中心的形成遵循以下机理：首先，区域副中心的形成应具备以下四个要素。（1）该区域离经济中心的距离要适度。不能太远也不能太近，太远了接受不到经济中心的辐射、不利于其经济发展，太近了又难以摆脱经济中心的影响，很难发展成为独立的增长极。（2）该区域在本区域城市中有相对较高的梯度水平。要成为区域的中心，必须具备一定的综合实力，表现为其综合梯度水平长期保持在较高的水平。（3）该区域能得到上级政府的政策支持。该区域在上一级大区域中属于塌陷区，影响了上一级区域发展的整体协调性；为协调区域发展，上一级政府会出台一些政策支持该区域发展。（4）具备经济起飞的动力条件。该区域在经济发展中具备了内外部动力条件，特别是具备了内在的发展动力；区域经济的发展，自身发展动力极为重要。其次，在这四个要素中，空间位置是客观因素，上级政府支持是制度因素、自身发展水平是现实因素、多元发展动力中的内在动力是动力因素。当多元的发展动力作用于一个得到了多层次政策支持，又远离了经济中心，同时又具备相对较高梯度水平的城市时，该城市有可能发展成为区域副中心（次中心）。我们把副中心形成机理，用框图表示（如图7-2所示）。

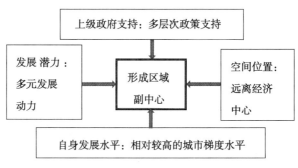

图 7-2   区域副中心形成机理

基于上述结论，湛江"南拓"的政策建议如下：

第一，打造双城联动模式的"东轴"城市增长极。湛江和海口的城市产业结构、经济规模和发展层次存在明显差异，两城市经济联系极强，均表现出成为中心性城市趋势，属典型互补发展双城联动模式。两市可以从琼州海峡经济一体化开始[①]，发挥海口自由贸易港的政策高地优势，发力高端服务业，如会展经济、高端论坛、国际金融、高级娱乐业和旅游业等。湛江发挥制造业、现代农业的优势，拓延海口的服务业，形成经济高地，两市共生共融联动发展。

第二，赋予湛江一定省级决策权。在实现琼州海峡经济一体化，打造双城联动增长极过程中，海口和湛江需及时决策解决问题。海口是海南的省会，有国家、省级政策制定权的优势。湛江已定位为广东省副中心，为与海口更好联动发展，提高决策的针对性和加强时效性，根据实际需要，广东省政府可下放相应的省级计划决策权和经济管理权给湛江，如土地指标规划权、税种调整权等。

第三，协调粤西三城市的竞合关系。湛江、茂名和阳江均为沿海城

---

① 吴祝好：《海口湛江加速推进琼州海峡一体化工作》，《海口日报》2018 年 3 月 29 日。

市,有发展临港工业、石化产业、海洋产业和现代物流业等主导产业的相同优势。三市应建立协调机制,充分利用各地优势,组织区域横向经济、技术联合,在发挥各城市的特色优势时,要做好主要产业的产业内分工,鼓励企业间进行中间产品、工序工艺分工,避免无序、过度竞争。

第四,夯实城市群区域基础建设。便捷的交通运输是城市群点轴发展的基础条件。进一步完善粤西地区的高铁、铁路和高速公路网,加速推进粤西国际机场和港口建设,为粤西产业内分工打好基础,更好地实现粤西承接珠三角产业转移和经济融合。尽早将琼州海峡跨海通道列入建设日程,为双城联动的增长极模式奠定坚实的通道。

第五,做好北部湾区域协调。"东轴"城市发展应与北部湾城市群整体规划一致,需协调北部湾沿海地区产业布局和港口功能,合理分工,促进社会经济联系。建立起一种平等合作、信任互助、良性竞争的机制,从各城市行政区划的制约中跳出来,确立一种适应北部湾群体发展的"整体"观念,旅游业先行,拓展到港口及其他产业的合作与协调,做好海上丝绸之路的一致对外贸易,形成整体协调发展。

第六,提高琼州海峡轮渡运输市场效率的建议有:创新琼州海峡运力资源监管体制,提高行政配置资源效率;创新客货运输方式,建设分层竞争的轮渡运输市场;建立突发事件管理制度,规范应急机制。

新时代,基于陆海统筹、建设海洋强国战略,随着琼州海峡跨海通道的建成,海南国际旅游岛(含最新设立的三沙市)及自贸港、广西北部湾和粤西三区域的经济联系得到强化,区域融合进一步提高,将会形成新的经济格局——"南海经济区"。

另外,琼州海峡跨海通道建设对海峡地质与生态环境影响、跨海通道建成后对海南岛的影响等问题也应引起研究者和政府相关部门的重视。林北平(2011)认为琼州海峡跨海通道项目建设除了"桥隧之争"的技术争议外,还存一些需斟酌的地方:"天堑变通途"后,海岛生态恐遭破坏;"天堑变通途"后,恐加剧岛内交通拥堵、海南将变成一个"交通死角"和"超级停车场"。这些问题需提前研究和规划。[1]

---

[1]　林北平:《琼州海峡跨海通道项目需斟酌》,《中国社会科学学报》2011年10月27日第18版。

第八章

结 束 语

第一节　本研究的主要结论

一　通过相关研究得到以下主要结论

第一，已有文献从半岛经济发展的历史回顾、产业结构调整与升级、海洋经济发展、旅游发展、金融支持、港口发展、新农村建设、城市化、区域合作、制度创新、自主创新、发展战略等方面对雷州半岛经济发展进行了多学科视角的探讨。通过研究，形成了许多共识——这些共识有些已成为湛江市政府决策的依据，已经或正在对雷州半岛经济发展起促进作用。同时，通过文献研究，厘清了雷州半岛发展过程中存在的问题。

第二，基于相关经济统计数据分析，得到新常态下雷州半岛的发展特征：经济总量偏小、增长迅速；经济结构欠合理但持续向好；外贸依存度持续低位、企稳回升；海洋经济发展势头良好、港口货物吞吐量快速提升。

第三，基于广义梯度推移理论及系统动力学模型的实证分析，我们得到以下结论：1. 从综合梯度水平看，在全国沿海轴线上，湛江所处的北部湾沿海区域属于塌陷区域，综合梯度水平低；在广东省沿海轴线上，湛江的梯度水平居中，属于次高梯度区域；北部湾沿海城市中，湛江的梯度水平相对较高，是塌陷区域中的高梯度区域。2. 作为广东省沿海经济带的次高梯度区域、北部湾沿海经济区域的高梯度区域，湛江具备成为广东省域副中心、北部湾沿海区域中心城市的基础条件。3. 湛江远离珠三角核心区，受其极化作用小，为其成为区域副中心准备了空间条件，带动本区域实现经济起飞。4. 从子梯度水平看，尽管湛江的综合梯度水平低，但其生态环境子梯度、自然资源子梯度、人力资源子梯度相对较高，有时甚至超过最近的经济中心广州，初步形成了与经济中心相互"推移"的互动局面：经济发展方面接受珠三角区域的辐射，但生态环境、自然资源方面却可以辐射珠三角经济发达区域。这正是广义梯度推移理论的核心体现。5. 根据系统动力学仿真结果，相关决策部门可提出有针对性的措施，充分利用要素流动给本地带来的发展动力，让湛江在环北部湾区域扮演更重要的角色，在"一带一路"建设中发挥其的应有作用。

第四，湛江打造省域副中心，已具备了内在支撑、上级政策、区位条件、区域合作等多元动力条件。

第五，湛江打造省域副中心，可实施"东融西联南拓、蓝色崛起"的发展战略。

第六，北部湾经济圈城市间合作存在以下困境：合作主体间合作动机难以协调一致、理论（或政策）上"议而不决、决而不行"，实践中合作内聚力得不到提升。要实现它们的有效合作，可采取"多中心、少层级、网络化"合作治理模式。

第七，湛江和海口表现出双城联动增长极趋势，是湛江"南拓"的基础。短期看，提高琼州海峡轮渡运输市场效率是湛江"南拓"的燃眉之急；长期看，湛江的"南拓"必然要突破琼州海峡的天然阻隔，建成固定式跨海通道。

第八，通过研究，进一步明确了区域副中心的形成机理。

二 可能的创新点、研究特色和后续研究的方向

（一）可能的创新点

第一，首次在不同区域空间比较了湛江的相对优势。基于广义梯度推移理论，通过比较北部湾区域各城市的梯度水平，与广州（高梯度区域）、南宁（次高梯度区域）相比，北部湾城市属于大区域（泛珠三角区域）中的塌陷区域（图4-2），湛江则是塌陷区域中的高梯度区域。

第二，初步探讨了区域副中心形成的机理。湛江远离珠三角，受经济中心的极化作用小，属于塌陷区域中的高梯度区域，具备了带动雷州半岛实施广义梯度发展的基础，有望成为北部湾乃至广东省的新经济增长极。

（二）研究特色

将广义梯度推移理论和湛江经济发展实践相结合，为湛江打造广东省域副中心城市提供理论支持。

（三）后续的研究方向

本研究团队后续将继续关注雷州半岛的乡村振兴与新型城镇化、重大

项目推动下的雷州半岛产业升级、雷州半岛与海南自贸港对接、粤桂琼区域合作等。

第二节　对策建议

前面各章节中，对应不同的分主题提出了相应的对策建议。以下基于"东融西联南拓，蓝色崛起"的发展战略，从做优、做大湛江经济总量角度，提出湛江打造省域副中心的对策建议：

第一，进一步解放思想、实施创新驱动。湛江市有关部门应该进一步解放思想、创新机制体制，对接广东省和国家出台的相关政策。

首先，要用好用足上级政府赋予湛江的政策。中央和广东省已经为湛江的发展出台了系列优惠政策，湛江市政府应该立足自身优势，发挥创新型思维，探索在国家和省优惠政策的框架下，湛江能干什么，在哪些领域能有所作为，不能等、靠、要。例如：积极探索落实《粤澳合作框架协议》中有关"支持探索湛江深水港与澳门自由港合作"等事项，依托宝钢湛江钢铁，提升华南铁矿石交易中心的影响力，规划铁矿石期货交割国家级战略平台。带动钢铁贸易、钢铁金融及物流业发展。

其次，充分利用周边区域的政策外溢效应。为完善我国沿海轴线，促进区域协调发展，国家对北部湾区域的城市都给予了一系列优惠政策，尤其是海南省的自贸区（自贸港）建设。无论是广西北部湾区域发展还是海南省自贸区（自贸港）建设，都离不开与湛江的合作；尤其是海南省自贸区（自贸港）建设，雷州半岛是其连接大陆经济腹地的交通咽喉。湛江市应把握机遇、找准定位、突出特色，对接海南自贸区（自贸港），服务"省域副中心"建设。

第二，完善市场机制体制，让市场主导资源配置。十九大报告指出：要加快完善社会主义市场经济体制。刘志广（2004）的研究也认为：完善的市场经济制度是国际经济中心城市形成的必要前提条件。[①] 按照湛江市"十三五"规划提出的，湛江要大力推进经济体制改革，充分发挥市场在资源配置中的决定性作用和更好发挥政府的宏观调控作用，建立系统

---

① 刘志广：《制度变迁下世界经济增长极的形成与国际经济中心城市的崛起》，《世界经济与政治》2004 年第 11 期。

完备、科学规范、运行有效的社会主义市场经济制度体系，充分激发各种经济成分活力和创造力。特别是要大力发展民营经济，提高市场活力，在承接珠三角及国际产业转移中发挥重要作用。

第三，创新区域合作机制，谋求抱团发展。湛江所处的北部湾区域属于欠发达地区，区内沿海城市中单个城市的发展水平低、经济实力弱小，无力主导区域的经济发展；同时，区内沿海城市中的资源禀赋接近，发展水平也接近，导致城市间产业结构雷同，不利于各自优势的发挥。所以，要加强区内城市间的合作，实施错位竞争、抱团发展。要实现北部湾区域沿海城市间的有效合作，可按照本书第六章提出的"多中心、少层级、网络化"合作治理模式。通过抱团发展，实现北部湾区域经济崛起，进一步完善我国沿海发展轴线。

第四，完善立体交通网络、改变交通末端态势。虽然湛江各种交通方式齐全，但受琼州海峡天然阻隔，公路、铁路都处于交通末端，交通流量少，使得航空交通不能上规模，又导致航班少、费用高，进一步导致交通流量少，形成恶性循环。近期，要加快推进高铁联网建设，向西连接南宁、向北连接中西部地区；加快推进湛江国际机场建设，提升机场容量和飞行等级，提高湛江机场的通达性；推动琼州海峡港航一体化发展，畅通海峡物流体系。通过完善立体交通体系，改变交通末端态势。远期，要谋划琼州海峡固定式跨海通道建设。

第五，依托域内重大项目、做大经济体量。湛江要成为省域副中心，不是出台一两个政策、几个规划就能实现的，需要用自身的实力说话。就目前而言，湛江发展的关键是实现经济量的扩张；没有经济总量的提高，经济转型升级、高质量发展都是空中楼阁，没有了基础。经过多年推进，湛江的钢铁、石化和造纸等重大项目已初具规模，海洋经济发展势头良好。今后要进一步依托重大项目，以产业链招商、工业互联网、公共服务平台建设、智能化制造为突破口，完善产业体系。例如：依托炼化产业优势，形成华南地区油品全产业链，重点打造原油贸易、储运、油品加工、销售、保税燃料油于一体的油品全产业链，和以石油为主的能源大宗商品国际交易中心，谋划建立油品期货交割国家级战略平台。在做大经济体量的前提下推动产业迈向高质量发展。

此外，湛江要实施"东融西联南拓、蓝色崛起"的发展战略，离不开相关人才的支持。所以，湛江还要构建全方位教育体系、培育本土实用人才。尽管湛江高校、科研院所及科研人员在广东的地级市中首屈一指，但长期以来湛江是人口及人才的净流出地，不利于湛江经济发展。湛江除要出台吸引人才的相关政策之外，还要大力发展职业教育，应对大钢铁、大石化、大物流等产业的发展，培养本土适用性人才。

参考文献

安剑群:《湛江海上龙舟邀请赛的旅游开发研究》,《岭南师范学院学报》2015 年第 3 期。

白福臣、方芳:《湛江港城互动发展现状与对策探讨》,《中国集体经济》2008 年第 5 期。

白福臣、郭照蕊:《建设湛江粤西海洋经济重点市的战略思考》,《全国商情》(经济理论研究) 2007 年第 10 期。

白福臣、金蕙:《湛江对虾出口竞争力分析与对策研究》,《经济研究导刊》2008 年第 19 期。

白福臣、林凤梅:《湛江对标青岛发展海洋新兴产业的思考》,《当代经济》2015 年第 7 期。

白福臣、林凤梅:《湛江海洋生物医药产业发展研究》,《中国渔业经济》2015 年第 4 期。

白福臣、罗鹏:《湛江城市可持续发展的政策路径选择》,《资源开发与市场》2008 年第 11 期。

蔡霞、李志勇:《湛江"五岛一湾"滨海旅游产业园规划探讨》,《规划师》2013 年第 3 期。

曾理斌、安然、张旭升:《刘湛江城乡居民一体化医疗保障模式的思考》,《中国卫生经济》2013 年第 6 期。

曾涛、彭化非:《县域金融与县域经济增长——基于湛江五县(市)的实证分析》,《南方金融》2003 年第 1 期。

车斌、孙琛:《充分发挥资源与地缘优势加快湛江海洋经济强市建设》,《湛江海洋大学学报》2000 年第 2 期。

陈代光:《简论南海丝绸之路》,《地域开发研究》1990 年第 2 期。

陈国威、何杰:《海洋文化视阈下雷州半岛与域外社会交往》,《浙江海洋学院学报》（人文科学版）2015 年第 6 期。

陈海欧：《新农村建设背景下村落体育的历史变迁及发展方向》，《浙江体育科学》2016 年第 4 期。

陈建年：《湛江区域经济发展与地域开发研究》，《地理学与国土研究》1994 年第 2 期。

陈可文：《振兴湛江市旅游业的思考》，《南方经济》2000 年第10 期。

陈烈、彭永岸、吴唐生：《北部湾经济圈发展态势与雷州半岛的战略任务和对策》，《经济地理》1997 年第 3 期。

陈烈、沈静：《加强区域合作促进共同发展——以北部湾经济圈为例》，《经济地理》1999 年第 6 期。

陈宁：《湛江海岛旅游开发战略研究》，《旅游纵览》2015 年第21 期。

陈宁：《湛江开发海岛旅游 SWOT 分析》，《合作经济与科技》2015 年第 11 期。

陈群平、吕渭济：《关于湛江市临港工业园产业集群发展对策的研究》，《湛江师范学院学报》2005 年第 1 期。

陈善浩、陈忠暖、蔡霞：《基于区位几何要素的省域副中心城市铁路出行便捷性分析——以广东省湛江市为例》，《地域开发研究》2016 年第5 期。

陈万灵、张士海：《湛江工业化与工业支柱产业的选择》，《湛江海洋大学学报》2004 年第 5 期。

陈万灵：《湛江经济发展：理论与战略选择》，《广东经济》2000 年第 10 期。

陈祥胜：《扬长避短：湛江建设"海洋大市"》，《瞭望》（新闻周刊）1996 年第 16 期。

陈小宏：《湛江市水产养殖业存在的主要问题及对策》，《海洋与渔业》2017 年第 12 期。

陈小平：《试论湛江市发展外向型经济的条件与对策》，《人文地理》1989 年第 4 期。

陈耀光：《着力推动湛江经济社会转入科学发展轨道》，《广东经济》2006 年第 6 期。

陈臻、曹宇:《新型城镇化进程中沿海地区农产品物流优化——基于雷州半岛的实证研究》,《江苏农业科学》2016 年第 6 期。

陈臻、许抄军:《沿海与沿边口岸群在"一带一路"战略中的协调发展研究》,《内蒙古社会科学》(汉文版) 2016 年第 1 期。

陈臻:《新型城镇化进程中沿海港口农产品集装箱物流的发展——基于雷州半岛的实证研究》,《物流技术》2016 年第 2 期。

程颖:《新农合下农民的医疗保险决策和医疗服务需求研究——对"湛江模式"的思考》,《中国人口科学》2010 年第 S1 期。

代秀龙:《"经营城市"视角下城市开发建设的策略与建议——以湛江为例》,《住宅与房地产》2017 年第 8 期。

邓康丽:《雷州文化对湛江经济发展的影响及作用机制》,《广州社会主义学院学报》2015 年第 1 期。

邓康丽:《提升湛江在北部湾城市群文化软实力的思考》,《科技创业月刊》2016 年第 8 期。

邓晚、夏春华:《湖光岩风景名胜区的使用现状研究》,《农业经济研究》2017 年第 7 期。

邓迎、席芳、温广标:《加强港城协调 促进粤西港口群发展》,《中国港口》2018 年第 7 期。

范闽、伍绍平:《县域经济与金融支持问题研究——基于湛江市县域经济的实证》,《广东金融学院学报》2008 年第 6 期。

范宇:《湛江市水产品冷链配送体系现状与对策分析》,《经贸实践》2018 年第 4 期。

冯娟:《基于城市功能分工的北部湾城市群发展》,《山东工商学院学报》2017 年第 2 期。

付义平、许抄军、刘文琳:《金融危机背景下湛江水产出口业存在问题与对策分析》,《沿海企业与科技》2010 年第 2 期。

傅子恒:《医疗保障城乡"一体化"制度创新探析——"湛江模式"的成功与不足》,《保险研究》2011 年第 7 期。

谷晓冰:《基于海上丝绸之路背景的湛江海岛旅游开发及对策研究》,《四川旅游学院学报》2017 年第 9 期。

郭国森:《湛江金沙湾水上运动中心项目平面设计与研究》,《珠江水运》2018 年第 9 期。

郭晋杰：《湛江火山旅游资源开发与生态保护研究》，《绿色中国》
2005 年第 8 期。

郭晋杰：《湛江区域经济可持续发展战略研究》，《商场现代化》2006
年第 9 期。

郭天祥：《外来移民与雷州半岛的土地开发》，《湛江师范学院学报》
（哲学社会科学版）2000 年第 2 期。

韩湖初、杨士弘：《关于中国古代"海上丝绸之路"最早始发港研究
述评》，《地理科学》2004 年第 6 期。

何金梅：《互联网时代背景下湛江智慧农业发展问题与对策研究》，
《中国市场》2018 年第 20 期。

何军发：《湛江市城市规划百年回顾与城市发展》，《规划师》2001
年第 3 期。

贺亮、全秋梅、朱晓闻：《雷州半岛南珠产业可持续发展的思路与对
策》，《安徽农业科学》2016 年第 20 期。

胡俊雄：《浅析湛江海洋经济与环境的协调发展》，《当代经济》2018
年第 11 期。

胡新明：《雷州半岛地域文化资源与旅游文创产品融合创新模式研
究》，《美与时代》2018 年第 7 期。

黄大文、戚照：《湛江打造环北部湾中心城市》，《小康》2016 年第
11 期。

黄剑坚、王保前：《雷州半岛红树林生态旅游发展新模式探讨》，《防
护林科技》2009 年第 6 期。

黄静茹：《湛江建设北部湾城市群中心城市研究》，《现代商贸工业》
2018 年第 19 期。

黄启臣：《徐闻是西汉南海丝绸之路的出海港》，《岭南文史》2000
年第 4 期。

黄天杨、韩卫国、苏颜丽：《湛江市电饭锅产业品牌建设研究》，《设
计艺术》2015 年第 1 期。

黄小玲：《论雷州涉海传说的海洋文化价值》，《哈尔滨学院学报》
2014 年第 5 期。

黄旭：《突出经济结构调整 优化湛江工业结构》，《南方经济》2003
年第 12 期。

季六祥：《新医改区域模式与实施路径设计——以广东湛江为例》，《中国软科学》2012 年第 9 期。

江娟、张镒：《旅游屏蔽效应下广东湛江全域旅游发展策略分析》，《台湾农业探索》2018 年第 1 期。

姜卫卫：《湛江茶文化的特征及其价值探讨》，《佳木斯职业学院学报》2015 年第 3 期。

姜卫卫：《湛江茶文化旅游的现状及拓展策略》，《岭南师范学院》2015 年第 2 期。

金宸：《军民结合产业示范基地——打造湛江经济发展新引擎》，《大社会》2017 年第 8 期。

赖琼：《历史时期雷州半岛主要港口兴衰原因探析》，《中国历史地理论丛》2003 年第 3 期。

蓝桂良：《湛江家电的发展道路》，《经济科学》1988 年第 3 期。

蓝书静、宁陵：《基于投入产出角度的湛江市科技创新发展研究》，《广东海洋大学学报》2016 年第 5 期。

黎祎蓉、曹胜、黄美纯等：《把握"一带一路"契机 探索农业发展新路——以湛江市雷州市附城镇特色农产品种植为例》，《江西农业》2018 年第 7 期。

李发武、康华梅、谢碧婷：《粤西新农村公益文化事业发展初探——以广东湛江吴川市为例》，《长春教育学院学报》2015 年第 6 期。

李刚、刘丽、章晓霜：《创建湛江东海岛人龙舞、海岛及工业旅游园区发展路径研究》，《岭南师范学院学报》2018 年第 3 期。

李国平、许扬：《梯度理论的发展及其意义》，《经济学家》2002 年第 4 期。

李国平、赵永超：《梯度理论综述》，《人文地理》2008 年第 1 期。

李海明：《湛江新农村建设的现状及相关对策》，《湛江师范学院学报》2009 年第 4 期。

李具恒、李国平：《西部开发的广义梯度推移战略》，《科学学研究》2003 年第 1 期。

李俊星、俞舟、申勇锋：《关于粤西港口群协调发展的思考》，《交通企业管理》2018 年第 5 期。

李罗力：《环北部湾经济圈开发与中国五大国家战略》，《开放导报》

2006 年第 1 期。

　　李巧玲：《滨海渔村旅游发展策略探讨——以湛江市为例》，《广西社会科学》2010 年第 4 期。

　　李巧玲：《海上丝路文化在雷州的传播、影响及其开发利用》，《热带地理》2015 年第 5 期。

　　李巧玲：《雷州半岛滨海渔村旅游产品优化探讨》，《广东农业科学》2010 年第 4 期。

　　李巧玲：《雷州半岛海洋文化与海洋经济发展关系研究》，《热带地理》2003 年第 2 期。

　　李文河：《湛江海滨旅游资源与红土文化旅游资源结合发展的探讨》，《绿色科技》2015 年第 4 期。

　　李祥、张苇锟、司俊霄：《基本公共服务非均等化对新生代农民工市民化的影响研究——以广东湛江面板数据为例》，《甘肃广播电视大学学报》2016 年第 3 期。

　　李星、刘锦男：《南珠产业在"21 世纪海上丝绸之路"的战略地位》，《中国市场》2014 年第 52 期。

　　李星、朱欣文：《挖掘历史文化 创建旅游特色——雷州半岛旅游文化研究一点浅论》，《湛江师范学院学报》2011 年第 5 期。

　　李志勇：《基于条件价值法的红树林生态旅游资源价值评估——以湛江特呈岛红树林为例》，《价值工程》2016 年第 23 期。

　　梁冰、黄晓梅：《雷州半岛旅游气候资源评估》，《广东气象》2005 年第 4 期。

　　梁立启、栗霞：《"人龙舞"传承发展的态势分析》，《湖北体育科技》2018 年第 8 期。

　　梁其翔、邝国良：《关于广州-湛江产业转移中"循环产业模式"的研究》，《科技管理研究》2011 年第 20 期。

　　廖金凤：《雷州半岛海涂资源的开发利用及其对策》，《资源开发与市场》1999 年第 2 期。

　　林北平：《琼州海峡跨海通道项目需斟酌》，《中国社会科学学报》2011 年第 18 版。

　　林海棠、高维新：《雷州半岛海洋经济发展现状及对策》，《现代农业科技》2013 年第 8 期。

凌晓清、许抄军：《加工贸易对经济增长的促进作用——以广东省湛江市为例》，《沿海企业与科技》2010 年第 2 期。

刘春雨：《基于海洋文化的湛江文创旅游纪念品设计研究》，《旅游度假》2018 年第 9 期。

刘荻、吴小博：《湛江市海滨休闲体育发展现状研究》，《岭南师范学院学报》2015 年第 6 期。

刘桂菊、吴明发、黄嘉恩：《中国沿海开放城市的城市化质量比较研究》，《广东海洋大学学报》2016 年第 5 期。

刘俊杰：《雷州半岛地域开发与产业布局分析》，《湛江师范学院学报》（哲学社会科学版）1998 年第 2 期。

刘伶俐、高维新：《湛江市海洋产业对接"一带一路"的途径及对策分析》，《现代农业科技》2018 年第 15 期。

龙竹、龙虎：《湛江海洋经济的现状及发展思路》，《中国渔业经济》2001 年第 6 期。

卢等文：《湛江国际旅游业发展前景》，《统计与决策》1995 年第 3 期。

卢苇：《南海丝绸之路与东南亚》，《海交史研究》2008 年第 2 期。

罗永华：《港口物流与区域产业结构优化——基于湛江市的实证》，《北京交通大学学报》（社会科学版）2016 年第 2 期。

骆义、焦芳芳、梁玉洁：《琼州海峡客滚船运输的运营模式和管理机制》，《水运管理》2015 年第 11 期。

吕余生、曹玉娟：《"一带一路"建设中"泛北部湾"产业合作新模式探讨》，《学术论坛》2016 年第 7 期。

马九杰、罗兴：《农业价值链金融的风险管理机制研究——以广东省湛江市对虾产业链为例》，《华南师范大学学报》（社会科学版）2017 年第 1 期。

马晓南、居占杰：《湛江市海洋经济创新发展的路径及对策研究》，《山西经济管理干部学院学报》2018 年第 2 期。

毛蒋兴、古艳：《环北部湾城市群生态位测度评价》，《广西师范大学学报》（自然科学版）2016 年第 1 期。

孟芳、周昌仕：《基于 SWOT－AHP 的湛江市休闲渔业发展战略选择》，《农村经济与科技》2018 年第 17 期。

孟飞荣、高秀丽：《港口与直接腹地经济耦合协调度及其影响因素研究——以环北部湾港口群为例》，《地理与地理信息科学》2017 年第 6 期。

孟飞荣、高秀丽：《海上丝绸之路战略下湛江港口发展策略分析》，《物流技术》2015 年第 5 期。

孟飞荣：《湛江港口物流-腹地经济联动发展机理及实证研究》，《经济论坛》2018 年第 10 期。

莫国宁：《如何加快湛江市水运业的发展》，《广东造船》2007 年第 4 期。

宁凌、尹萌：《打造湛江国际枢纽港 建设中国—东盟大通道的构想》，《珠江经济》2006 年第 12 期。

宁凌：《湛江市金融业对经济增长作用的实证分析与对策研究》，《广东海洋大学学报》2009 年第 2 期。

牛福增：《广东湛江应重视本地社会经济发展中"后发优势"与"后发劣势"战略的研究》，《南方农村》2002 年第 1 期。

欧春尧、宁陵：《系统动力演进视角下湛江海洋经济系统及运行机制研究》，《当代经济》2017 年第 8 期。

庞莲荣、刘坤章：《"海上丝绸之路"视角下的湛江-东盟邮轮旅游通道构建》，《经济论坛》2017 年第 8 期。

彭桂芳：《湛江经验：破题新农村建设》，《农业经济》2006 年第 12 期。

彭化非、范闽：《金融发展与县域经济增长——基于湛江五县的实证研究》，《当代财经》2003 年第 10 期。

蒲月华、童银洪：《湛江市珍珠首饰市场发展现状及对策》，《现代农业科技》2016 年第 15 期。

邱珉、陈仁基、刘显海：《加快发展农民专业化合作经济组织 推动现代农业迈上新台阶——湛江市农民专业化合作经济组织发展的调研与思考》，《南方农村》2007 年第 5 期。

邱珉：《新形势下社会主义新农村建设的导向及重点初探》，《南方农村》2012 年第 7 期。

渠章才：《嵌入式社区人的社会融入问题及对策——以湛江嵌入式社区人为例》，《内蒙古电大学刊》2018 年第 5 期。

申友良：《宋代雷州半岛的对外贸易研究》，《社科纵横》2016 年第

3 期。

申友良:《唐代雷州半岛的经济发展研究》,《社科纵横》2016 年第 1 期。

申友良:《唐宋时期雷州港兴起的原因探究》,《社科纵横》2016 年第 2 期。

申有良:《南海丝绸之路第一港——徐闻港》,《中央民族大学学报》(哲学社会科学版) 2004 年第 3 期。

沈静、陈烈、孙海燕:《全球化背景下的湛江市域发展战略研究》,《经济地理》2004 年第 4 期。

施长样:《错位竞争提升湛江旅游目的地形象》,《湖南科技学院学报》2017 年第 7 期。

石莹怡:《21 世纪海上丝绸之路战略背景下湛江城市规划趋势和对策》,《建设科技》2016 年第 5 期。

帅学明、王鸿:《湛江完善优秀旅游城市构想》,《湛江海洋大学学报》2004 年第 2 期。

宋广智、徐德峰、王雅玲等:《湛江对虾产业核心竞争力的构建及其可持续发展》,《广东农业科学》2011 年第 14 期。

孙海燕、沈静:《区域协调发展研究——以湛江市为例》,《地域开发研究》2005 年第 1 期。

孙丽华、麦健友:《科技创新与粤西地区经济发展分析研究——以茂名、阳江、湛江三市专利发明为例》,《广西师范学院学报》(哲学社会科学版) 2015 年第 4 期。

孙省利、李星:《徐闻南珠产业在 21 世纪海上丝绸之路中的战略地位》,《新经济》2014 年第 11 期。

谭惠仁、田迎新、邓华超:《浅论湛江市水产品产业链技术标准体系研究的重要性》,《中国标准化》2017 年第 2 期。

谭锡池:《湛江水上运动旅游产业发展研究——基于"一带一路"背景下》,《当代体育科技》2018 年第 2 期。

汤晓龙:《"一带一路"节点城市发展路径研究——以广东湛江市为例》,《财经理论研究》2016 年第 8 期。

汤晓龙:《创新港口城市发展模式 建设"一带一路"核心交汇点——以广东湛江为例》,《城市》2017 年第 5 期。

汤晓龙：《环北部湾中心城市发展新驱动力研究——以广东湛江市为例》，《广东经济》2016 年第 10 期。

汤晓龙：《湛江发展先进制造业的路径研究》，《当代经济》2017 年第 5 期。

田迎新、付中光：《国外技术性贸易措施对湛江市出口企业的影响及应对策略研究》，《中国标准化》2017 年第 6 期。

万向东：《关于湛江发展问题的社会学思考》，《湛江师范学院学报》1996 年第 4 期。

万向东：《建设大都市 实现大目标——对湛江市城市建设发展规划的社会学分析》，《湛江师范学院学报》1994 年第 1 期。

王保前、张莉：《湛江海洋经济发展研究》，《中国渔业经济》2010 年第 5 期。

王红：《会展经济带动区域经济发展路径与推进策略——以湛江为例》，《中国集体经济》2018 年第 2 期。

王立安、蔡玉蓉：《雷州半岛南珠文化旅游品牌营销策略探讨》，《安徽农业科学》2016 年第 19 期。

王立安、邹文慧：《雷州半岛石狗文化旅游资源创新开发探析》，《湖南文理学院学报》2017 年第 2 期。

王守智、周学芝：《新型城镇化视域下产业结构优化升级的困境与出路——以广东湛江为例》，《东方论坛》2016 年第 6 期。

王守智：《城乡产业联动：生成、窘境与出路——以广东湛江为例》，《天津商业大学学报》2015 年第 6 期。

王守智：《新型城镇化发展道路的常规阻力与动力机制构建——以广东省湛江市为例》，《三峡大学学报》（人文社会科学版）2014 年第 2 期。

王为东：《宋代雷州半岛经济发展浅探》，《湛江海洋大学学报》2002 年第 5 期。

王先昌、叶佩玲、周科律：《湛江海洋文化与旅游纪念品的融合设计研究》，《设计》2018 年第 10 期。

王先昌、张振举：《具有湛江地域特色的旅游工艺品发展现状和探索》，《中国包装工业》2015 年第 9 期。

王幸福、高维新：《湛江海洋产业对接"一带一路"倡议的对策研究》，《湖北经济学院学报》2018 年第 10 期。

王幸福、周烨：《支持和推动构建开放型经济新体制的若干思考——以湛江市为例》，《广东开放大学学报》2018年第4期。

王雪芳：《雷州半岛区域旅游的竞合态势分析——基于环北部湾经济圈的思考》，《旅游科学》2008年第1期

王亚新：《"四化同步"下的农村土地经营模式探索——基于广东湛江的实践》，《经济地理》2015年第8期。

王亚舟、王少杰：《加快构建农业技术经理人才培养体系建设研究——以广东湛江市为例》，《宝鸡文理学院学报》（社会科学版）2018年第5期。

王元林：《两汉合浦、徐闻与南海丝路的关系》，《广西民族研究》2004年第4期。

温善文、李婷：《医保改革之新模式——"湛江模式"的保险思考》，《现代商业》2016年第7期。

吴昌盛：《关于金融支持新农村建设的思考：基于湛江的实践》，《南方金融》2006年第11期。

吴昌盛：《区域金融发展与经济增长关系的比较研究：广东湛江视角》，《南方金融》2012年第9期。

吴昌盛：《湛江融入珠三角一体化的可行性分析——基于湛江与珠三角城市的创意比较》，《区域金融》2010年第1期。

吴海燕、白福臣：《湛江海洋经济发展的现状、问题及对策》，《中国渔业经济》2011年第5期。

吴刘萍、周昌仕：《湛江观光生态经济农业的开发研究》，《生态经济》2001年第9期。

吴泗：《构建湛江现代产业体系 转变经济发展方式》，《科技管理研究》2011年第21期。

吴泗：《湛江提高自主创新能力的对策研究》，《科技管理研究》2011年第18期。

吴逸然：《海湾型城市空间的形成及优化——以广东省湛江市为例》，《南方论坛》2017年第5期。

吴逸然：《欠发达地区城市发展特色小城镇研究——以广东省湛江市为例》，《城市观察》2018年第5期。

吴印佳：《关于湛江市农村剩余劳动力转移的分析与思考》，《商》

2014 年第 18 期。

　　武星宽、雷芸:《雷州文化与旅游资源的融合性研究》,《美术大观》2017 年第 12 期。

　　谢鉴明:《发挥港口优势 带动西翼起飞——关于加快湛江建设的思考》,《港澳经济》1995 年第 3 期。

　　徐德峰、李彩虹、王冼民等:《湛江对虾产业现状、困境与发展建议》,《广东农业科学》2014 年第 6 期。

　　徐逢贤:《加快环北部湾经济圈建设的设想》,《经济学动态》1998 年第 8 期。

　　徐少华:《分类实施 规范管理——湛江市推进医疗保险制度改革的实践与体会》,《求是》2004 年第 24 期。

　　许抄军、陈四辉、王亚新:《非正式制度视角的农民工市民化现状、意愿及障碍——以湛江市为例》,《经济地理》2015 年第 12 期。

　　许抄军、王亚新、张东日等:《基于广义梯度理论的雷州半岛发展研究》,《经济地理》2011 年第 12 期。

　　许抄军、张东日、全东东:《有利于"两型社会"建设的旅游业研究——以湛江旅游业为例》,《国土与自然资源研究》2011 年第 6 期。

　　许进:《加强区域经济合作,促进北部湾经济圈的崛起》,《生态经济》2006 年第 1 期。

　　许露元、邬丽萍:《北部湾城市群各城市的经济联系与地缘经济关系》,《城市问题》2016 年第 10 期。

　　闫玉科:《湛江经济跨越式发展路径探讨》,《广东海洋大学学报》2009 年第 2 期。

　　严艳荣:《湛江保税物流中心对区域经济的影响研究》,《现代营销》2018 年第 21 期。

　　颜洁:《南海丝绸之路最早始发港合浦兴衰史考证》,《东南亚纵横》2013 年第 12 期。

　　杨纪坷:《把湛江市发展为南方重工业基地的战略设想》,《管理世界》1994 年第 2 期。

　　杨凌:《湛江在中国—东盟自由贸易区发展中的战略选择》,《生产力研究》2013 年第 4 期。

　　杨璐、罗琳琳、李潇睿:《湛江特色旅游发展策略研究》,《旅游纵览》2017 年第 10 期。

杨伦庆、刘强:《湛江参与 21 世纪海上丝绸之路建设的思考》,《当代经济》2015 年第 1 期。

叶茂森:《试论湛江经济实力在广东的地位》,《湛江师范学院学报》1995 年第 2 期。

尤妙娜:《"一带一路"战略下湛江物流业发展分析》,《当代经济》2017 年第 22 期。

于法稳、于贤储、王广梁:《雷州半岛生态文化旅游研究》,《生态经济》2015 年第 9 期。

余柳娟:《倡导民间投资助推湛江粤西海洋产业发展研究》,《人力资源管理》2016 年第 4 期。

张安伟:《欠发达地区外汇金融生态环境缺陷及其对策——对湛江市外汇金融生态环境的调查与思考》,《南方金融》2006 年第 8 期。

张玲:《对湛江环北部湾滨海旅游业发展思路的探讨》,《岭南师范学院学报》2017 年第 1 期。

张庆霖、陈万灵:《重化工业背景下沿海欠发达城市的产业选择——以湛江市为例》,《广西社会科学》2007 年第 3 期。

张帅:《湛江打造北部湾海洋中心城市实证研究》,《经贸实践》2018 年第 4 期。

张义丰、贾大猛、谭杰等:《海湾型城市定位对湛江发展的影响分析》,《自然资源学报》2010 年第 1 期。

张义丰、张伟、张宏业等:《基于"湛江群岛"的湛江区域发展格局构建》,《地理研究》2011 年第 5 期。

张玉梅:《关于湛江承接珠三角产业转移的对策思考》,《开发研究》2009 年第 3 期。

张玉梅:《欠发达地区非公有经济发展的制度障碍与政策改善——以湛江市为例》,《佛山科学技术学院学报》(社会科学版)2017 年第 4 期。

张玉梅:《相对比较优势与"中心城市"发展重点选择——基于湛江构建环北部湾中心城市的思考》,《肇庆学院学报》2017 年第 3 期。

张玉强、李政:《湛江北部湾中心城市建设研究》,《合作经济与科技》2017 年第 5 期。

张振举、张莉:《湛江海洋经济低碳发展现状及影响因素分析》,《农村经济与科技》2015 年第 3 期。

赵海军、霍琪、刘建芳：《湛江对虾出口现状及对策研究》，《食品安全质量检测学报》2016 年第 7 期。

赵楠、白福臣：《湛江市海洋生物产业集群培育的发展现状与政策路径》，《河北渔业》2018 年第 6 期。

赵楠、李彩霞、胡思琪等：《湛江市海洋生物产业集群培育的政府作为》，《现代商贸工业》2018 年第 19 期。

赵绪福：《发展极理论与湛江区域性中心城市建设》，《湛江师范学院学报》2001 年第 5 期。

赵阳：《湛江城市形象识别系统的诠释与实践》，《艺术科技》2014 年第 6 期。

钟肖薇、闫玉科、丛瑞芳等：《基于 SWOT 分析的广东湛江休闲农业发展研究》，《南方农村》2018 年第 2 期。

钟足峰、许抄军：《基于种群生态学理论的雷州半岛物流体系构建》，《物流技术》2013 年第 7 期。

周昌仕、杨钊、陈涛：《湛江市海洋产业发展的资金支持研究》，《广东海洋大学学报》2014 年第 2 期。

周春霞、帅学明：《论湛江新农村建设中面临的主要问题及对策》，《南方农村》2009 年第 1 期。

周春霞：《湛江农村社会管理面临的困境、表现及创新对策思考——基于 309 名农户的问卷分析》，《南方农村》2014 年第 3 期。

周飞、刘升、陈士银：《1990—2010 年湛江市城市化质量动态评价》，《现代城市研究》2014 年第 5 期。

周振军、万达康、张婵娟等：《基于关联度模型的湛江港与城市经济关系研究》，《珠江水运》2018 年第 1 期。

周镇宏：《论发展绿色产业与建设绿色湛江》，《南方经济》2002 年第 1 期。

周智学：《湛江市农业供给侧结构性改革问题、思路与对策》，《南方农村》2018 年第 25 期。

周中坚：《北部湾的后发崛起及其绿色导向》，《东南亚纵横》2012 年第 10 期。

周中坚：《北部湾经济圈构想》，《改革与战略》1991 年第 3 期。

周忠菲:《"丝绸之路经济带"与亚欧经济互动——兼论泛北部湾与印度的经贸合作》,《亚太经济》2015 年第 4 期。

庄礼祥:《以港兴市——湛江跨世纪的战略选择》,《港澳经济》1995 年第 11、12 期。

卓永强、毕修颖:《建设湛江海员人才强市问题探析》,《广东海洋大学学报》2012 年第 2 期。

邹潇:《北部湾城市群建设发展研究——以湛江市智慧城市为例》,《行政事业资产与财务》2018 年第 7 期。

后 记

湛江是因海而生、因海而重、因海而兴的美丽港城，也是首批沿海开放城市之一，但是其经济发展却不尽如人意，不能因海而富，引发众多学者的关注。党的十八大以来，国家和广东省层面出台了一系列有利于湛江发展的政策，为湛江打造省域副中心提供了制度保障。本书的目的就是分析湛江（雷州半岛）发展的历史、现状和发展的动力，并提出湛江打造省域副中心"东融西联南拓、蓝色崛起"的发展战略。

岭南师范学院商学院于 2011 年成立了"粤西区域发展研究所"，形成了区域经济发展研究团队，致力于粤西—北部湾区域发展等相关问题研究。之后在兰艳泽校长和广东省社科联有关部门的支持下，先后成立了"广东省实践科学发展观研究基地——城乡协调发展研究基地"（省级）、"南海丝绸之路协同创新中心"（校级）、"广东省沿海经济带发展研究中心"（省级），为科研团队的相关研究提供了良好的平台。本研究团队是上述平台的核心研究团队之一。

应该说明的是，本书研究团队对雷州半岛发展研究的长期积累，是团队成员共同努力的结果。部分内容之前已经公开发表，经数据更新及相应调整之后并入了本书，其中第四章第二节、第七章第一节和第三节的内容分别是团队成员陈臻、杨少文和王亚新与笔者合作的成果。参与前期合作的团队成员还有张东日、李海明、陈四辉等，在此，对团队成员的付出表示感谢！

关注湛江，了解湛江，研究湛江是本研究团队多年来一直在做的工作，今后将一如既往，为湛江经济发展贡献微薄之力。

许抄军

2018 年 12 月于湛江